KB217078

무조건 붙는 자소서

공두

박영사

글을 시작하며

반복적으로 불합격하는 자소서는 분명한 사유가 있습니다.

　자기소개서 제출 시간은 다가오고 당장 작성해야겠는데 어떻게 작성해야 할지 막막해서 결국 책까지 구입하신 독자님들께… 자기소개서 전문가가 해결의 열쇠를 드립니다.

　시중에 자기소개서의 이론과 개념 그리고 어떻게 작성해야 하는지 방법론과 관련한 도서들이 많이 출간되어 있지만 이 중에서 자기소개서에 도움을 많이 받을 수 있는 책을 고르는 것이 결코 쉬운 일은 아닙니다.

　수많은 자기소개서 도서들 중 지원사별 작성 TIP을 제시하는 도서들이 많이 있습니다만, 저는 자기소개서에 대한 지원사별로 상이한 항목별 작성 TIP을 드리기보다는 누구나 쉽게 이해할 수 있는 작성 원리를 제공하고자 합니다.

　생각해 보면 각기 다양한 지원사의 조직문화도 결국은 사람이 사람을 채용하는 것이고, 사람 사는 세상 크게 다르지 않고, 사람에 대한 채용 기준(합격 요소)도 기업마다 공통점이 적용됩니다.

　본서의 경쟁력은 어떤 사람이 채용되는가에 대한 공통점을 찾아서 어떠한 기업이든 자신 있게 자기소개서 작성이 가능한 공식을 제공했다는 점이고, 누가 읽어도 이해하기 쉬운 예문이나 수학의 공식과 같은 방법을 제시하여 가장 편하게 작성하고 <u>합격을 결정짓는 요소가 풍부한</u>

자기소개서가 되도록 하는 것이 핵심입니다.

이를 위해 다양한 첨삭 원리 및 직무별 필수적 표현, 국내 기업에서 사용되는 전문용어 총 정리, 주요 항목의 작성 TIP, 자기소개서 작성 시 필연적으로 드는 고민에 대한 Q&A도 제공하고 있습니다.

독자 여러분, 한 번만 읽어보세요. 참고서처럼 부분적으로 필요한 부분을 따라만 하셔도 자기소개서 부담감은 제거될 것입니다.

결론적으로 가장 많이 고민한 부분이 어떻게 하면 실제적인 도움을 줄 수 있는가에 대한 고민으로 집필하였고, 가장 수월하고 스피드하게 고퀄리티의 자기소개서를 작성할 수 있을까에 대하여 포커스를 두었기에 한마디로 저의 책은 어떤 기업이든 자기소개서 작성이 가능한 실무적인 팁, **어느 기업에서든 합격을 낚는 법을 제공**하고 있습니다.

이렇다 저렇다 자랑보다는 한번 읽어보시면 느낌이 오실 것입니다.

참고로 저는 메이저 대기업에서 셀 수 없는 자기소개서를 검토한 경험과 재능 판매 사이트 사람인 긱(ID: 만족추구 / 평점 5점 만점 중 4.9)에서 우수판매자로 활동한 경험에 기반하여 자기소개서 작성의 기준을 제시해 드리오니 읽는 것만으로 자기소개서의 개념이 정립되고 자연스럽게 완성될 것이라 확신합니다. 아무쪼록 저의 책으로 여러분의 자기소개서 도전이 아주 편한 걸음이 되기를 기대합니다.

책 출간이 세 번째인데 출간 때마다 관심과 지원으로 격려를 해주신 이현철, 이문환, 이상헌, 태진성, 안병권, 박태훈, 박성호, 황순철, 김상근, 민영기, 이수성, 서혁수, 박순육, 임종렬, 김상석, 문영호, 최대승, 심재항, 하영철, 김해석, 이재일, 이상호, 박지환, 정소윤, 이영주, 이정순, 이경란, 장지현, 남연희, 오지혜, 강나영, 채미숙, 엄연순, 황주안, 양은희, 김민정 님 고맙습니다.

마지막으로 첫 출간부터 본서의 출간에 이르도록 적극적인 격려와 응원으로 동기부여를 해주었던 아녜스님의 지원에 감사와 더불어 항상 건승하시기를 기원드리며, 책을 쓰는 동안 아빠를 응원해 준 두 딸(가현, 아현)에게 감사를 전합니다.

2018년 천국으로 입성하신 아버지와 연로하신 어머니의 건강을 기도하며 두 분께 본서를 드립니다.

출간을 응원하며 도움 주신 분

㈜RUP 〈광코아 유지보수 전문기업〉 이현철 대표님

㈜우리정보통신 〈소프트웨어개발 & 스마트 모빌리티 전문기업〉
　장현득 대표님

㈜우리이앤씨 〈전기, 소방, 통신공사 전문기업〉 김진영 대표님

㈜다온링크 〈핀테크 전문기업〉 한상민 대표님

㈜와프(건축사 사무소) 〈건축설계〉 소용수 대표님

㈜다온아이앤씨 〈드론 라이트쇼 전문기〉 양찬열 대표님

㈜코코아비전 〈영상 CG전문기업〉 최영주 대표님

㈜유피웍스 〈컴퓨터 그래픽 전문기업〉 김석희 부대표님

㈜서윤건설 〈도로포장 전문건설업〉 최성영 대표님

㈜이인벤션 〈네이버, 카카오, SNS 디지털 마케팅 전문기업〉
　김은현 대표님, 예장현 이사님

㈜제석태양광주식회사 〈태양광 종합 컨설팅 전문기업〉 이환호 대표님

㈜에스딘 〈AI, 로봇플랫폼 전문기업〉 김정수 대표님

㈜테크블루 〈소프트웨어개발전문〉 손명석 대표님

㈜브이엠테크 〈무선충전 개발전문〉 박경한 대표님

㈜모든교육 〈위탁교육전문기업〉 정영란 대표님

『자소서 전문가가 강조하는 작성 십계명』

1. 반드시 항목마다 소제목을 제시하여 심사자의 눈에 들게 할 것

2. 누구나가 공감되는 경험과 사실에 기준으로 하여 작성할 것

3. 지원 기업마다 새롭게 맞추어 작성하는 노력할 것(재탕 금지)

4. 지원하는 회사와 자신을 반드시 연결할 것(우연은 없다 필연으로)

5. 기업에서 공통으로 싫어할 것 같은 단점은 절대 적지 말 것

6. 직무 역량보다 인성을 중요시하는 회사가 의외로 많으니 인성 작성 시 신중하게 작성할 것

7. 이래서 저래서 구구절절, 주절주절하지 말고 간결한 문장으로 작성할 것(산만하고 길이가 긴 문장은 역효과)

8. 완성되었으면 힘들었다고 바로 제출하지 말고 반드시 재검토 후(맞춤법, 글자 수, 문맥 등) 제출할 것

9. 공적 문서의 성격이니 줄임말 사용은 금할 것(총학, 알바, 고딩 등)

10. 지나친 자기 자랑보다 항상 겸손하게 작성할 것(경어체 사용)

차례

1장

자기소개서 작성 전 준비사항

1장

자기소개서 작성 전 준비사항

1-1 필수 준비사항

  진학과 취업에서 일반적으로 접하게 되는 것이 자기소개서입니다.

  자기소개서는 한마디로 새로운 곳으로 갈 때 자기 자신을 소개하는 것인데, 자기소개서를 평가하는 사람이 다르기에 정답은 없지만 자기소개서에는 어떻게 작성해야 합격하는지 지원사의 분명한 원칙이 있습니다. 자기소개서를 작성한다면 최소한 다음의 사항은 사전에 조사가 되어 있어야 합니다.

자소서 작성 전

제시 항목의 목적이 무엇인지 정확하게 분석

지원사의 경영 원칙과 비전은 무엇인지 파악

지원하는 부서의 업무 필수 역량은 무엇인가?

나의 경쟁력이 지원사에 부족한 부분이 있다면 어떻게 극복할 것인가?

※ 매우 중요하므로 극복방안 반드시 제시

1) 제시 항목이 무엇인지 파악

(본 문항은 가독성 있는 문장 4원칙에도 포함되는 중요한 항목입니다.)

자기소개서가 공통으로 제시하는 기본 항목이 있는데 당연한 이야기이지만 항목마다 핵심이 있습니다.

성장 과정이라는 항목이 있다면 성장환경부터 지원 회사 및 직무를 염원하며 준비해 온 지원자임을 드러내고 그에 따른 구체적인 사례를 직무와 관련된 에피소드를 통해 제시해야 합니다. 핵심은 지원자가 지내온 성장 과정에서 어떤 가치관이 형성된 사람인지를 확인하는 것과 성장 과정에서 지원사(지원 직무)와 어떠한 인과 관계가 있는지를 보는 것이 목적인 것을 충분히 이해하셔야 우수한 자기소개서가 작성되는 것입니다.

자기소개서를 작성하실 때 수능시험에 국어과목이라는 시험을 본다는 생각으로 작성하세요. 자기소개서 항목마다 출제 의도를 깊게 고민하여 작성하라는 당부입니다.

이하에 제시 항목에 대한 설명은 항목별로 구체적으로 설명을 하였으니 참고하여 작성하시기를 바랍니다.

2) 지원사의 경영 원칙과 비전은 무엇인지 파악

본 항목은 작성 전에 반드시 확인해야 하는 작업입니다.

지원사를 모르면 절대로 좋은 자기소개서가 나올 수가 없고 지원사의 인재상과 비전에 맞춘 자신의 모습을 제시할 수가 없으므로 충분한 사전 조사가 진행되는 것이 기본임에도, 기본에 충실하지 못하여 불합격하거나 특히 자기소개서 재탕을 하는 경우에 지원사와 상이한 것을 발견하고 재탕이 적발되는 경우도 일상다반사라 할 수 있습니다.

참고로 기업의 HR 부서에서 심사자가 자기소개서를 많이 심사하다 보면 재탕 자기소개서는 아주 쉽게 걸러진다는 사실을 아셔야 합니다.

3) 지원하는 부서의 업무 필수 역량은 무엇인가?

지원사가 인력을 채용할 때 진행은 경영지원이나 HR에서 진행하지만, 충원을 요청한 해당 부서에서 필수역량으로 제시하는 키워드 즉 이러이러한 사람을 채용해 달라는 주문이 있습니다.

예를 들면 회계 팀원을 채용하는데 요청 부서에서 HR 채용부서에 ERP 회계 정보 관리사를 소지한 지원자를 채용해달라고 요청했다면 본 자격증이 필수역량이 되는 것입니다. 다시 말하면 자격증이 없는 사람은 이력서를 제출할 필요가 없다는 것입니다.

대부분 채용 공고에 필수역량과 가점 역량이 제시되므로 이를 충분히 숙지하시고 본인이 지원사의 자격조건에 부합한 사람인지 꼭 확인하고 궁금한 사항이 있으면 지원사 채용 담당자에게 반드시 문의하시기를 바랍니다.

대부분 채용 공고에 채용 담당자 연락처가 있다는 것은 채용에 관해 문의하셔도 된다는 것인데 문의 자체에 부담감을 느낄 필요가 전혀 없고 궁금한 사항은 꼭 확인 후에 진행하는 것이 본인의 시간과 노력도 아낄 수 있습니다.

4) 나의 경쟁력이 지원사에 부족한 부분이 있다면 어떻게 극복할 것인가?

분명한 사실은 지원사에 100% 부합하는 사람만이 합격하는 것은 아닙니다.

본인이 부족한 부분이 무엇인지 사전에 잘 분석이 되었다면 자기소개서에서 이를 극복하는 것은 오히려 기회라고 생각하셔야 합니다.

예를 들어 지원사에서 영어 능통자를 원한다면 본인이 능통자가 아니라 일상 회화가 가능한 정도라도 자기소개서에는 "저는 일상의 영어에서 기술적인 영어와 현지의 관용적 영어 표현에 흥미를 느껴 현재 영어권 친구와의 관계를 확대하고 있으며, 시간이 날 때마다 화상과 SNS 채널로 현지인들과 영어로 소통하는 것에 푹 빠져 있습니다. 이러한 재미가 결국은 가까운 시일 내에 완벽한 영어를 구사하게 되는 데 도움이 될 것이라 기대하고 있습니다."라고 한다면 거의 완벽한 극복이 되었다고 생각합니다.

상기의 사항들은 아무리 시간이 없더라도 준비하셔야 합격의 문고리를 만질 수 있습니다.

자기소개서에 통과하지 못하면 다음 단계를 넘어가지 못하기에 우리에게는 상당한 장애물이고 작문 능력이 뛰어난 사람에게도 여간 번거로운 작업임에는 분명합니다. 자기소개서는 왜 이렇게 어렵고 번거로울까요?

우선 뭐를 어떻게 적어야 할지 막연하게 느껴지고, 자신의 장점과 경쟁력을 상대가 원하는(진학, 취업처 등) 수준으로 글로 표현하는 과정이 어렵고, 자신의 경험과 지원 분야와의 연계성을 연결하는 작업이 어렵기 때문입니다.

더구나 작문에 소질이 없는 경우라면 자기소개서에 대한 부담감을 넘어 거부감 마저 드는 것이 일반적인 감정인 것입니다.

실제로 자기소개서 첨삭 의뢰자와 인터뷰하는 과정에서 어느 부분이 가장 어려운지 질문해 보면 제일 많은 답변으로 어떻게 작성해야 할지 막연하다는 것과 자신의 경험을 지원 분야와 매끄럽게 연결하는 것이 어려운데 이를 말이 아닌 글로 표현하는 것에 큰 어려움을 느낀다고 했습니다. 또한 항목마다 분명히 항목별로 요구하는 사항은 다른데 중복되는 내용을 요구하는 것 같아 헷갈린다고도 했습니다.

취업은 해야 하는데 대한민국 취업 현장에서 대부분이 자기소개서가 1차 관문으로 적용되고 있으니 작문 능력이 우수한 사람에게는 다소 쉽지만, 그런 능력이 없다면 어떠한 원칙을 숙지하고 작성하는 것이 가장 확실한 방법입니다.

아마 저의 책을 대하는 독자라면 대부분 자기소개서에 대한 답답함을 가지고 있을 것으로 판단됩니다.

본서에서는 여러분에게 다양한 자기소개서 예문과 함께 자기소개서의 숨은 원칙과 최근 자기소개서의 트렌드 & 공식과 같은 작성법을 명확하게 제시하고 국내 주요 대기업과 공기업의 자기소개서 항목 등에 대하여도 구체적으로 제시해 드리오니 심호흡 한번 하시고 따라오시기를 바랍니다.

아! 그전에 자기소개서 작성 시 가장 많이 고민하는 핵심 고민을 정리해 드립니다.

1-2   자기소개서 작성 Q&A 〉 누구나 하는 고민

Q1   자기소개서 접수를 접수 첫날에 신속하게 하는 게 좋을까요? 아니면 마감일에 하는 게 좋을까요?

예상외로 이런 고민을 많이 하시는데 정확한 답을 내어 드리겠습니다. 본 질문에 정확하게 답변할 사람이 없다가 정답입니다. 어떤 사람들은 첫날에 접수해야 일찍 심사 대상에 오르고 마지막 날에 접수하면 이미 심사 결과가 자기소개서 접수 기간에 확정되어 의미가 없다는 말들을 많이 하시는데, 채용의 기본 프로세스는 접수 마감 후에 한번에 진행하는 것이 일반적인 사례이지만 급한 경우 그렇지 않은 경우도 있으므로 정답은 없습니다.

접수일에 신경 쓰지 말고 꼼꼼하게 작성하여 성실하게 제출하는 것이 정답이라 말씀드리고 싶습니다만 다음의 사항을 고민해 보신다면 좋겠습니다.

- 일을 빨리하는 채용 담당자: 접수 첫날에 접수된 자기소개서
  에서 합격자를 이미 결정
- 원칙대로 하는 채용 담당자: 접수 기간에 접수된 자기소개서
  를 마감 후에 순차적으로 심사

*정답은 없지만 저라면 일찍 접수하겠습니다.

Q2 아르바이트인데 경력으로 포함해도 될까요?

A2 지원사의 지원 직무와 연관성이 있다면 포함하는 것이 좋습니
다. 기간이 3개월 미만의 짧은 경력도 연관성이 있다면 포함하
여 작성하세요.

실무에 대한 경험이라면 어떤 경험이든 중요한 가점 포인트로
작용합니다.

하지만 단순한 아르바이트, 예를 들어 편의점 아르바이트는 너
무 흔한 경우라 미기입하는 게 좋지만, 편의점에서도 중요한 가
치를(&지원사 연계 포인트) 배우게 된 사건이 있었고 그 사건으로
심사자의 마음을 움직일 자신이 있다면 작성하셔도 무방합니
다. 다만 일반적으로 대기업과 공기업과 같은 규모의 지원사의
자기소개서에 단순 아르바이트를 포함한 경우는 찾아보기 어
렵습니다.

Q3 자기소개서 기본 항목으로 장단점을 작성하라고 하는데 장점은
쉬운데 단점은 어떻게 작성해야 하는가요?

A3 단점 작성을 별도의 항목으로 정리하였습니다. 어떻게 작성할지
예문으로 매우 쉽게 제시하였으니, 본서를 참고하시면 됩니다.

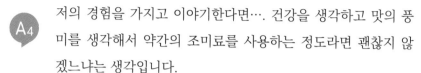

Q4 자기소개서 내용에 약간의 거품을 추가해 작성해도 될까요?

A4 저의 경험을 가지고 이야기한다면…. 건강을 생각하고 맛의 풍미를 생각해서 약간의 조미료를 사용하는 정도라면 괜찮지 않겠느냐는 생각입니다.

물론 정확하게 자기소개서를 작성해야 하는 기본 원칙에는 위배되지만, 현실적인 조언이라는 차원에서 우선 합격하는 게 급선무이고 실제로 채용해서 자기소개서에 적힌 기록들보다 역량이 모자라는 경우도 비일비재하지만 그렇다고 합격을 취소하는 경우는 제가 목격하지도 주변에서 들어본 적도 없습니다.

분명한 것은 없는 역량을 있는 것으로 한다거나 너무 작은 것을 과대한 포장을 하는 것은 분명히 안 되고 이런 사항은 합격취소가 법적으로 가능한 사유가 됩니다.

증명사진에 포토샵을 약간 하는 정도의 수준 정도인데 사람을 못 알아볼 정도면 안 된다는 것입니다.

참고로 자기소개서가 통과되면 면접 단계에서 자기소개서의 능력 검증을 하게 되므로 본인이 면접에서도 충분히 검증할 수 있는 정도의 수준이어야 합니다.

Q5 공모전, 봉사활동, 프로젝트, 어학연수, 아르바이트, 인턴, 해외여행 등 다양한 활동에 대하여 작성하는데 심사자가 각 항목을 통하여 개인의 어떤 역량을 보고자 하는 것인가요?

A5 공모전이나 프로젝트 항목에서는 지원자의 창의성, 독창성과 문제 해결 과정에서 보여준 능력이 어떠한가?

봉사활동은 지원자의 사회적 책임과 공헌을 확인해 보는 항목으로 지원자의 기본 인성 및 조직 생활에서의 융화 가능성을 확인합니다.

어학연수나 해외여행은 지원자의 국제적인 정세와 상이한 문화를 바라보는 감각과 이해력 그리고 지원자의 언어능력이 어느 수준인가를 파악합니다.

아르바이트나 인턴 경험은 실무에 적합한 인재인가에 대한 현재 수준 판단의 기준으로 채용 시 현업 적응도를 예측하는 항목입니다.

Q6 예를 들어 항목의 글자 수가 1,000자일 경우 몇 자를 작성해야 적당할까요?

A6 정답은 없습니다만 중요한 것은 최소 80% 이상은 채우시고 제시한 1,000자는 넘지 않도록 작성해 주시면 됩니다. 제출 전 꼭 포털에서 제공되는 글자 수 확인 서비스로 체크해주셔야 합니다.

Q7 자기소개서에 존경하는 인물과 그 이유를 기재하라고 하는데 부모님을 적어도 될까요? 다른 지원자들은 보통 누구를 선택하나요?

A7 누구를 존경하는가에 대한 대상의 문제가 아니라서 존경하는 인물 누구나 적어도 무관합니다. 중요한 것은 공감대입니다.

심사자의 합리적 공감대가 발생하도록 존경 사유에 대한 구체적인 사유를 제시하는 것이 핵심 포인트입니다.

작성의 출발은 존경하는 인물의 이러이러한 구체적 사건이 나의 가치관에 이러이러한 영향을 주었다는 식으로 작성해야 합니다.

예를 들어 어머니라면 "어머니와 어떤 사건이 있었는데 그 사건이 나를 어떠한 사람으로 성장시키는 원동력이 되었고 현재도 이러이러한 이유로 어머니를 존경하고 있습니다."라는 문장으로 완성해야 합니다.

정리하면 구체적 사건을 나열하고 그 사건이 나에게 미친 영향으로 현재의 나는 어떠한 사람으로 성장했다고 정리하시면 깔끔합니다.

참고로 본 항목은 특이한 항목인 만큼 면접에서 재질문할 가능성이 많이 있으니, 스토리를 미리 준비하고 가셔야 합니다.

Q8 한 번 떨어진 기업에 다시 제출하면 합격할 수 있을까요?

A8 의외로 많이 고민하는 질문입니다. 중소기업은 모르겠으나 대기업 공기업은 서류전형에 1차 불합격했다고 해서 재접수 시 또 불합격하는 구조가 아니므로 재접수 시 지원사가 원하는 기준에 집중하여 본인의 부족한 점을 보완하여 접수한다면 합격할 수 있습니다.

또 이런 질문도 받았는데 대기업 자기소개서 합격 프로그램 가동으로 선별하는 경우는 1차 탈락한 지원자는 거의 변하지 않는 정보인 지원자 이름과 휴대전화 번호를 기준으로 1차 불합격자 블랙 리스트를 만들어 다음에 접수해도 프로그램이 불합격으로 처리한다고 하는데, 이런 소문은 헛소문입니다.

예를 들어 이력서나 자기소개서를 거짓으로 작성하여 적발된 경우라면 채용 담당자가 별도로 리스트를 관리할 수는 있겠습니다. 하지만 그 외에는 한 번 불합격했다고 해서 당연히 또 불합격이라고 생각한다면 오해입니다.

재심사 과정으로 합격 여부가 결정되는 사항이니 용기를 가지고 접수하시기 바랍니다.

Q9 항목별 소제목을 사용하지 말라고 하는 경우는 어떻게 해야 하나요? 심사자의 눈에 띄게 할 다른 방법이 없나요?

A9 소제목을 사용하지 못하는 경우에도 소제목 형식은 아니지만 두괄식 표현으로 작성하시면 됩니다. 두괄식 표현에 관해서는 '자기소개서 작성 5원칙'에 상세하게 설명이 되어 있으니 참고하시면 됩니다.

Q10 수상 경력이 많은데 어떻게 정리하여 작성해야 할까요?

A10 원칙은 간단합니다. 우선적으로 지원사의 직무와 연관성이 있는 것부터 기재하시고 후순위로 공신력이나 볼륨감 있는 수상 경력 순으로 작성하시면 됩니다. 그 외 수상 경력은 빈 공간에 알아서 채우시지만 너무 사소한 것은 가독성을 위해서 기재하지 않는 것이 좋습니다. 대내외 활동도 상기의 원칙을 준용하시면 됩니다.

Q11 내가 제출한 자기소개서는 기업에서 어떻게 하나요?

A11 중견기업 이상의 기업과 공기업에서는 내부 규정에 의하여 일정 기간이 지나면 폐기를 하도록 규정되어 있습니다. 참고로 입사 후 개인 인사 정보는 인비로 잘 관리되고 있습니다.

졸업 학점이 너무 낮아 자기소개서 접수하기가 상당히 고민스럽습니다. 인터넷 검색을 해보면 합격자 학점이 4.0 이상인데 저는 2점대입니다.

불합격된다는 확신이 있어도 자기소개서를 계속 접수하는 의지가 매우 중요하고 결국은 합격을 보장한다고 말씀드리고 싶습니다. 학점이 낮을 때 좋은 방법은 학점은 낮아도 내가 이 분야 실무를 남들보다 더 잘 알고 있는 인재임을 표현하는 것이 현실적으로 제일 좋은 대안이므로 실무와 연계된 학교에서의 활동이나 수상 경력과 직무와 관련성이 있는 경력 사항(인턴이나 아르바이트) 위주로 작성해야 합니다.

학점 좋은 경쟁자가 1을 표현했다면 무조건 *2를 표현한다는 각오로 실무경력 위주로 작성하면 가능성이 열릴 것입니다.

또한 관계 직무의 전문성을 부각할 전문용어도 적극 활용하시고 검색해서 필요한 역량이 무엇인지 정확하게 정의 후 내세울 만한 역량을 선택하여 집중적으로 표현하는 것이 효과적인 방법이고 현실적 대안이라 할 수 있습니다. 중요한 것은 포기하지 않는 마음이고 학점이 낮아도 취업에 성공한 사람들이 많다는 사실을 기억하세요. 제가 취업 면담이나 첨삭을 할 때에도 상기의 방법으로 취업에 성공한 사람이 많다는 사실 기억하시기를 바랍니다. 구직 활동자가 명심해야 하는 것은 구직 활동은 기우제처럼 취업에 성공할 때까지 하는 것입니다.

이상으로 자기소개서와 관련한 일들을 하며 현장에서 가장 많이 받은 질문 12가지를 정리해드렸습니다.

2장

자기소개서가
빛이 나는 방법

자기소개서가 빛이 나는 방법

인터넷에 이런 글이 있습니다. 자기소개서를 중소기업은 평균 2분 정도 검토하고 대기업은 평균 1분 30초만에 평가를 완료한다고 합니다.

맞는 말이라고 생각합니다. 사실 저 또한 자기소개서를 심사할 때 평균 1분에서 2분 사이로 검토 후 합격 여부를 결정하였습니다.

지원자는 한 글자 한 글자 성의 있고 꼼꼼하게 자기소개서를 작성했고 또한 문구나 단어 선정 하나도 신중하게 선택했겠지만, 평가자가 마주한 현실에서는 쌓여 있는 자기소개서를 정말 스피드하게 훑고 지나간다고 할 수 있습니다.

그러면서도 핵심 문장과 키워드는 두 눈에 꾹 눌러 담으며, 1차 서류 심사 자기소개서의 합격 여부를 평가하게 됩니다.

이런 평가자에게, 어떻게 써야 기억에 남는 자기소개서가 될 수 있을까? 여기 몇 가지 핵심적인 TIP을 제시해 드립니다.

먼저 우리나라 언어의 특성을 아셔야 합니다.

우리나라 말은 같은 의미라도 다양한 표현이 가능하고 특별히 색채어나 의태어가 고도로 발달한 특징을 가지고 있습니다.

예를 들어 '노랗다'를 표현할 때 노르족족하다, 샛노랗다, 누렇다, 노르스름하다, 노리끼리하다 등과 같이 다양한 표현이 가능합니다.

또한 '활발하다'를 한자어로 역동적(力動的)이란 표현도 가능하고 생기발랄하다, 어떤 경우는 앞뒤 문맥의 표현으로 번잡하다의 부정적 의미로도 사용이 가능합니다. 줄임이나 어순의 변경, 적절한 단어 사용 등을 통하여 의미가 더욱 명확해지거나 문장 자체의 간결성을 극대화할 수 있습니다.

이렇게 우리의 언어는 같은 의미에 이르지만 어떻게 구성하고 표현하느냐에 따라 읽는 이의 내적 반응은 아주 다르게 표현된다는 사실을 각인하고 작성의 첫걸음을 시작하셔야 합니다.

자기소개서에서 나 스스로를 표현하고 나를 상대에게 드러낼 때 제일 중요한 포인트는 바로 가독성이 우수한 문장입니다.

이를 위해

첫 번째로 제시하는 항목이 무엇을 원하는지 핵심을 파악

두 번째로 항목 첫 문장에 소제목을 반드시 제시

세 번째로 군더더기 없는 문장으로 간결성을 유지하는 것

네 번째로 문맥에 맞는 전문적인 용어의 적절한 사용으로 전문성을 제고하는 것이 핵심이라 할 수 있습니다.

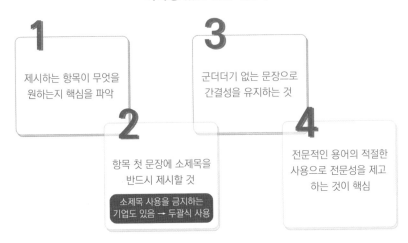

가독성 있는 문장 4원칙

1 제시하는 항목이 무엇을 원하는지 핵심을 파악

2 항목 첫 문장에 소제목을 반드시 제시할 것
소제목 사용을 금지하는 기업도 있음 → 두괄식 사용

3 군더더기 없는 문장으로 간결성을 유지하는 것

4 전문적인 용어의 적절한 사용으로 전문성을 제고 하는 것이 핵심

그럼, 이제 바로 실전으로 상기 글에 대한 예문 적용을 해보겠습니다. 예문과 상기의 원칙을 적용한 문장의 차이점을 눈으로, 머리로 확실하게 인식하시기를 바랍니다.

📂 예문

저는 정보통신 회사에 다니면서 취득한 OA 활용 능력과 제가 보유한 데이터 분석 능력들이 마케팅 인턴으로서 귀사에서 빠르고 효과적으로 결정자들의 의사결정에 확실한 도움이 될 것이라 기대합니다.

저는 데이터를 다양하게 파악하고 분석하여 그에 따른 결론을 도출하고, 문제를 파악하고 해결책을 제시하는 전체의 세부 과정들을 이해하는 능력을 보유하고 있습니다.

무조건 붙는 자소서

🗒️ 전문성 있는 첨삭

IT 직군에서의 데이트 분석 역량(or Skill)은 브랜디에서의 마케팅 인턴으로 경영진의 신속한 의사결정에 확실한 기여가 될 것으로 기대합니다.

입체적인 데이터 세분화와 분류 공정으로 문제(or Issue)를 파악 후 인사이트 別 솔루션을 공급하는 Process에 익숙한 skill을 축적하고 있습니다.

첨삭 이후 느껴지는 것은 첫 번째 지원자의 전문성이 첫 예문보다는 업그레이드되었고, 두 번째는 전문어의 추가와 좀 더 함축적인 단어를 선택함으로 전제적인 문장이 간소화되었으며, 이를 통하여 의미 전달은 더욱 핵심적으로 첨삭되었습니다. 세 번째는 마지막 문장에서 이해라는 원문보다 익숙이라는 표현으로 지원자의 확실성이 제고되었다는 것입니다.

문장의 간소화에 관해서는 다음 챕터에서 다양한 예문으로 적응할 수 있도록 제시하겠으며, 자기소개서를 작성하실 때 지원사의 수준을 생각해서 글의 수준을 맞추어야 합니다.

예를 들면 편의점 아르바이트 자기소개서를 작성하는데 지나치게 글이 전문적일 필요는 없다는 것입니다. 지원사 수준을 초월할 정도로 너무 잘 쓰면 오히려 결정자의 부담을 유도할 수도 있습니다.

다음의 표는 지원 부서별 자주 사용하는 표현을 정리한 것으로 저의 전문 첨삭에 반드시 표현되고 평가자의 평점을 인상할 수 있는 지원 부서별 업무 특성을 반영한 가장 적합한 표현이므로 꼭 적용하시기를 바랍니다.

지원 부서별 자주 사용하는 필수 표현

No	문구	공통	필수 표현
1	HRD(인사)	소통 긍정적 사고 적극적인 팀워크를 중요시 Co-working	정직하게, 공정하게, 비밀보장, 배려심 등
2	영업		사람을 두려워하지 않는, 활발한 활동가, 대인관계 원활, 목표의식 뚜렷한, 말주변이 많음, 인적 네트워크의 가치 등
3	기획		분석적인, 작문 능력 우수, 세분화, PPT 달인 등
4	자금, 회계, 재무		엑셀의 달인, 윤리적인, 천성이 꼼꼼함, 다시 확인하는 습관 등
5	R&D		근성이 있는, 새로운 도전, 탐구적인, 입체적인 분석, 집요한 등
6	생산관리		부서 간 가교 역할, 리더십이 우수한, 협조적인, 납기를 우선시하는, 통찰력이 우수한 등
7	대외협력, 홍보		사회성이 밝은, 친화력 있는 성격, 우수한 언어 구사력, 침착한 성격 등
8	마케팅		입체적인 분석, 부서 간 협력, 원활한 소통, 고도의 인내심 등
9	QC(품질보증)		철저한, 꼼꼼한, 통계에 뛰어난, 입체적인 분석, 문제의 발견 등
10	구매		축적된 협상 노하우, 공정한, 엑셀의 달인 등
11	비서실		철저한 시간 관리, 고품격 CS, 우수한 외국어 능력, 검색 능력 등

무조건 붙는 자소서

3장

자기소개서 필수 문구 10개

3장

자기소개서 필수 문구 10개

다음의 문구는 대부분의 합격하는 자기소개서에 가장 많이 사용된 단어이고 저 또한 첨삭 진행 시 반드시 포함하여 문구를 완성하고 있습니다.

10가지 모두를 적용하여 사용하면 좋겠지만 최대한 많이 사용하는 것을 목표로 자기소개서에 적용해 보시고 예문을 통하여 어떻게 완성되었는지 살펴보시면 실전의 느낌이 오실 겁니다.

반드시 문구를 포함하여 문장을 완성하는 연습을 하고 적용해 보세요.

무조건 붙는 자소서

자소서 필수 문구 분석

No	문구	Appeal Point	Appeal 영역
1	소통	회사와 구성원 간 조화가 잘 되고 의사소통에 문제가 없음	성장배경 & 본인 소개
2	Need or Want		
3	조화		
4	조직문화		
5	문제인식 & Why	장애요소 극복 Mind로 사용	자신의 장단점
6	Team work(협력)	업무 처리 시 소위 "독불장군"이 아님	위기를 극복한 사례
7	긍정적 사고	부정적인 사고로 조직을 힘들게 하지 않음	
8	추진력(실행력)	업무 진행 태도 (자신의 장단점에 사용 병행)	
9	전문가	지금 당장이라도 실무에 투입 가능한 상태임을 강조	합격 시 업무 태도 ※ 채용해 달라는 호소에 적절하게 사용
10	*준비된 인재		

* 최근에 중요하게 보는 인재상으로 당장 실무에 투입 가능한 인력을 원함 (특히 경력직)

1) [소통] 문장

📋 예문

제가 ~~을 진행하면서 가장 핵심 가치로 둔 것이 소통입니다. 어떠한 문제도 첫 시작은 소통이라고 믿고 있으며 원활한 양방향 소통이 시작될 때 본질적 문제에 접근하는 것이라 확신합니다.

소통이라는 예문을 사용할 때는 [양방향 소통]이라고 표현하면 더욱 좋습니다. 소통은 조직사회에서 가장 중요한 인성 중의 한 가지입니다.

2) [Need or Want] 문장

📧 예문

[Need (or Want)]을 인생에 최고의 가치 중의 하나라고 믿고 있으며, 상대방의 Need 파악의 자세는 사람과 사람뿐만 아니라 제가 몸담은 조직의 경영성과를 달성하는 데도 필수적인 자세라고 믿고 있습니다.

Want 또한 동일한 느낌으로 작성할 수 있습니다. 소통이라는 진정성을 더욱 돋보이게 해주는 문구로 조화롭게 사용 가능합니다.

3) [조화] 문장

📧 예문

저에게 있어 중요한 가치 중 하나는 "일을 하면서 느낄 수 있는 보람과 사람들과의 [조화]"입니다.

반복되는 일상 속에서 매일 마주하는 선후배 동료와 조화로운 생활을 못한다면 사회생활에 적응하기 어려울 수 있고 또한 유대감 없이 업무에 임한다면 매너리즘에 빠지고 금방 지칠 것입니다. [조화]라는 단어는 사회라는 큰 틀 속에서 서로 유기적으로 연결되어 살아가게 하는 원동력이라 믿고 있습니다.

자기소개서에서의 조화라는 단어의 뜻은 사람들과의 소통 능력이나 어울리는 친화력의 뜻으로 주로 사용됩니다. 사람들과의 생활에 아무 문제가 없다는 근거를 제시하고 각오를 나타내면 됩니다.

4) [조직문화] 문장

📑 예문

• 제가 가진 특유의 친화력으로 신속하게 [조직문화]에 적응하고 흡수되도록 하겠습니다. "데이터 활용 능력을 통한 예측" 엑셀과 SPSS, 그뿐만 아니라 빅데이터까지의 축적된 학습 경험으로 저만의 실무 경쟁력을 형성했다고 확신하며, 저의 경쟁력이 귀사에서 강조하는 과학적인 수치만이 신뢰 가능하다는 [조직문화]에 부합한다고 자부합니다.

• 기업마다의 특별한 [조직문화]가 있다는 것을 압니다. 저 또한 귀사의 조직 문화에서 강조하는 ~~과 ~~에 부합하는 인재라 자신합니다.

조직문화라는 용어를 사용하여 상기와 같이 다양하게 적용이 가능합니다. 내가 당신들만의 리그에 신속하게 적응, 흡수할 수 있는 인재(무리 없이 잘 적응 가능) 혹은 나의 이러한 강점으로 당신의 조직문화에 더욱 도움과 기여가 가능하다는 느낌으로 작성하는 것이 핵심입니다.

5) [문제인식 & Why] 문장

📑 예문

• "HOW가 아닌 Why에 집중하는 나의 습관" → 소제목 제시

저는 스스로 합리화하고 대충 하는 것보다는 어떤 일을 하든 꼼꼼하고 완벽하게 해내자는 자세로 임하는데, 이러한 자세가 효율적인 일의 처리 및 완벽한 결과 도출로 이어지기 때문입니다.

또한 생활 속 마주하는 상황, 문제에 HOW가 아닌 [Why]로 반응합니다.

문제의 상황과 해결 방법에만 집중하면 '어떻게 하지?' 하는 고민의 굴레에 빠져 정작 문제가 발생한 이유는 놓치기 쉽지만 정확한 [문제인식]으로 ~~~ 문제가 [왜] 발생했는지 근본적인 이유를 파악하고 이에 집중하면 비용과 시간을 절감하는 최적의 개선 방안을 도출할 수 있다는 것을 경험으로 배웠습니다.

• ○○○ 기업 인턴 당시 다른 직무의 동기들과 ○○○ 관련 팀 과제를 수행하였습니다.

저는 당시 최고의 아웃풋을 내겠다는 공약과 함께 팀장직에 지원했고 프로젝트 리더로 활동하게 되었습니다.

논의를 진행하다 보니 의견이 나뉘었는데, 다른 팀원들은 바로 아이디어에 대한 고민으로 넘어가고자 했고 저는 어떻게 해당 문제에 집중하게 되었는지 앞단 논리가 필요하며 이것이 곧 차별점이 될 것으로 생각했습니다.

해당 프로젝트 외에도 개인 프로젝트, 전체 행사 등으로 시간이 부족한 탓에 팀원들은 부정적인 의견을 밝혔으나 저는 최고의 아웃풋을 위해 당위성이 보완되어야 한다고 생각하였고 전체 보고서 개요를 따로 작성한 뒤에 팀원들을 설득하기 위해 노력했습니다. 그 결과 팀원들도 납득하였고 전체 방향성을 통일하고 건설적인 논의를 통해 보완을 거듭하여 우수한 아웃풋을 낼 수 있었습니다.

결과적으로 [Why this Problem?]을 논리적으로 어필할 수 있게 됨으로써 전체 1등이라는 영예를 가지게 되었습니다.

TIP

[문제인식 & Why]는 자신의 장단점이나 문제해결에 대한 타이틀에서 주로 사용되는데 구체적인 사례를 제시하고 문제 인식의 습관을 지니게 된 배경과 Why라는 의문이 어떤 기대효과를 창출하였는지를 합리적으로 제시하여야 합니다.

또한 지원사의 NAME을 소제목에 사용하면 보기가 좋습니다.

Why SK?

SK그룹에서 강조하는 ~~~에 감명과 도전을 받아 지원했습니다.

이렇게 사용하셔도 좋습니다.

6) [Team work(협력)] 문장

 예문

어느 책에 표현된 '멀리 가려면 함께 가라'라는 말을 좋아합니다. 저는 기업에서 이 말을 실천하는 실행 논리가 바로 [Team work(협력)]라 믿고 있습니다. 제가 가장 잘 해결한 경험을 가지고 있는 문제도 원활한 [Team work]로 함께 해결했을 때 시간도 단축되고 제가 미처 알지 못한 이면의 문제도 발견하게 되었습니다. 결국 기업은 이런 [Team work]를 통하여 발전의 초석이 되는 것이라 배웠고 경험했습니다.

💡 TIP

어떤 문제가 발생했을 때 독단적이지 않고 선후배 동료(or 타 부서)와의 [Team work(협력)]를 통하여 문제해결을 하는 사람임을 자연스럽게 강조하시면 됩니다. 결코 독단적이지 않고 협력이 가능한 인재임을 강조하여야 합니다.

7) [긍정적 사고] 문장

📁 **예문**

이러이러한 결과, 자기 발전 욕심과 자아 성찰이 있는 직원이라는 평가를 받았습니다. 해당 과정에서 저는 직장 생활을 할 때 꼭 필요하다고 생각되는 요소 중 하나인 정신력과 [긍정적 사고]를 함양했고, 이를 스스로의 가장 큰 성격적 장점이라고 생각합니다.

기업은 절대적으로 부정적 성향의 지원자를 가려내고자 합니다. 부정적 인간형은 기업에서 먼지 같은 존재이므로 어떤 상황에서든 긍정적 소유자임을 나타내어야 합니다.

8) [추진력, 실행력] 문장

📄 예문

갑작스러운 교수님의 요청으로 인해 혼자서 5시간 안에 기업의 모집 공고 디자인을 완성해야 했습니다. 최대한 빠른 진행을 위해 기획 프로세스 순서를 정리하여 큰 줄기를 잡았고, 곧바로 관련 경험자들과의 커뮤니케이션을 통해 반드시 들어가야 할 내용을 추려내고, 또한 5시간 공정을 어떻게 구성해야 할지 세분화를 통하여 신속하게 실행하여 5시간이라는 짧은 시간에 교수님이 원하는 퀄리티의 모집 공고 디자인에 도달할 수 있었습니다. 그때 교수님이 "너의 [추진력]과 실행을 위한 구체적 계획들은 항상 빛이 난다"라고 하셨습니다.

"목표 달성을 위한 실행력" → 소주제 타이틀로 글의 분위기를 잡으면 효과적입니다.
추진력 대신 실행력이라는 용어도 호환할 수 있습니다.

9) [전문가] 문장

📑 **예문**

[입사 후 조직의 인원, 인건비 등 다양한 HR 데이터를 분석할 수 있도록 공부하겠습니다. 이러한 노력을 토대로 5년 후에는 데이터를 분석하고 효율적으로 활용할 수 있는 인력 관리 솔루션을 개발하고 이후에는 체계화된 인력 관리 시스템으로 조직을 구체적으로 분석하고, Needs를 빠르게 파악하여 HRD 혁신을 주도하는 [전문가]로 자리매김할 것입니다.

💡 **TIP**

입사 후에 ~~~한 노력으로 전문가가 되겠다는 포부를 밝히는 것도 중요하고 현재의 내가 전문가임을 신뢰할 수 있는 데이터로 증명하는 것도 매우 중요합니다.

10) [준비된 인재] 문장

📑 **예문**

저는 ○○○ 학부를 졸업하여 행정에 대한 전문성과 주민, 지자체와의 상생, 청렴 등 지방공기업이 추구하는 행정 가치에 대한 공감을 바탕으로 업무를 처리할 수 있습니다.
또한, 공공데이터의 업무 경험과 인턴 과정의 기회로 공공기관의 행정 실무를 경험하였습니다.

이를 통해 실무에 대한 깊은 이해를 바탕으로 채용 즉시 실무가 가능한 [준비된 인재]라 자신합니다.

TIP

다시 한번 강조하지만 즉시 투입 가능한 준비된 인재라는 점은 자기소개서에서 각오를 밝히는 데 최고입니다. (인사 담당자의 선택을 강력하게 유도하는 문구)

4장

자기소개서 작성 5원칙

4장

자기소개서 작성 5원칙

　　자기소개서를 편하게 작성하기 위해서는 작성 공식을 인지하고 있으면 잘된 자기소개서, 합격하기 좋은 자기소개서, 무엇보다 평가자의 성향이 다르지만 누가 보아도 채용하고 싶어 하는 자기소개서로 완성이 될 가능성이 매우 높습니다.

　　다음의 그림을 보면서 최소한 10번 정도 읽어보시면 작문에 소질이 없는 사람이라도 어느 정도 자기소개서 전체의 흐름을 그리게 될 것입니다.

　　당연한 이야기이지만 자기소개서도 밑그림이 있어야 완성도가 높습니다. 제가 제시한 자기소개서 작성 5원칙만큼은 반드시 머리에 각인해 두세요. 자기소개서에 대한 부담감은 상당 부분 해소될 것이라 확신합니다.

　　쉽게 기억할 수 있게 그림으로 보시고 쉽게 이해할 수 있도록 원칙마다 부연 설명을 하겠습니다.

　◆　─────────────────────────　무조건 붙는 자소서

자기소개서 작성이 임박하여 바쁘신 독자분은 예문의 느낌만 적용
하셔도 많은 도움이 되실 겁니다.

자소서 작성 5원칙

1 두괄식으로 함축적으로 작성

문장의 첫 소절을 읽을 때 어떤 내용인지 예측이 가능하도록 두괄식으로
문장으로 구성하고, 글의 결론이 궁금하도록 의도적으로 작성하는 것이
중요하며, 일의 결과는 반드시 표현되어야 합니다.

※ 모든 문장을 두괄식으로 작성할 필요는 없습니다. 극적인 반전이
필요한 경우는 글의 배치가 달라져도 되지만 대신 문맥이 자연스럽게
이어져야 합니다.

**2 본인이 경험한 과정을
구체적으로 기술**

경험의 과정에서 스토리가 늘어지는 느낌이 아니고 명확한 사건 중심
으로 정리를 하고 당면한 문제나 과제에 대한 본인의 해결 역량을
구체적으로 기술하고 결과를 통해 얻은 사항에 대한 평가와 적용(or 다짐)
으로 마무리합니다.

※ 해결과정이나 종결 후 주변인이 표현한 좋은 평가를 문장에 녹여주면
좋습니다.

**3 경험의 성과와 결과를
정량적으로 표현**

모든 경험의 결과는 반드시 정량적으로 수치화시켜 신뢰감을 형성하는
것이 중요합니다. 예를 들면 이렇게 함으로 고객 클레임이 30% 줄었고
매장의 매출은 2배 증가하게 되었습니다.

※ 정량적 수치가 제3자가 봐도 신뢰감이 있도록 2원칙에서 잘 판단하여
작성합니다.

**4 본인이 도출한 기대효과를
지원사 기여사항으로 연결**

자신이 경험한 모든 요소들이 지원사에 어떻게 기여가 되는지 연결고
리를 만들어 각오나 다짐을 현실적으로(공감되는 수준) 표현합니다.

※ 지원사 기여사항으로 연결하기 위하여 지원사의 인재상과 조직문화에
대한 사전의 정보가 필요하고 중견기업 이상이라면 검색으로 찾을 수
있습니다.

**5 클로징은 항상
준비된 인재임을 강조**

보통 자소서 말미 문구를 완성이라는 안도감에 형식적으로 끝맺음하는데
의외로 마지막 문구가 중요합니다.
마치 자신이 * Scramble 상태의 준비된 상황임을 각오로 표현하는 게
좋습니다.

※ 최근에 회사는 업무에 바로 투입한 실무형(맞춤형) 인재를 좋아한다는
점을 꼭 기억하세요.

* Scramble: 전투기가 활주로에 대기하다 명령이 발생하는 순간 비상출격하는 것을 말한다.

1) 제1원칙

자기소개서 작성 요령을 인터넷에 검색해 보면 두괄식이라는 표현이 수도 없이 나오는데 혹시나 두괄식의 정확한 표현을 헷갈리실 독자들을 위해 핵심만 설명해 드리겠습니다.

두괄식의 의미를 알기 쉽게 그림으로 표현해 보았습니다.

두괄식이란?

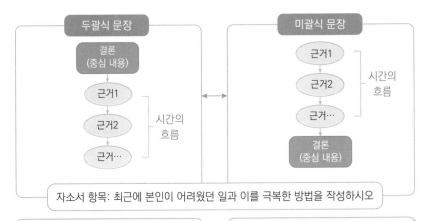

두괄식을 사용하는 목적을 간단하게 표현하면 평가자의 눈에 신속하게 들기 위함이고 자신이 무엇을 결정적으로 이야기하고 싶은지를 먼저 이야기함으로써 평가자에게 자신의 주된 이야기를 빨리 전달할 수

있다는 장점 즉 핵심 내용 파악과 정보 전달성이 우수하다고 할 수 있습니다.

자기소개서를 신속하게 파악해야 하는 심사자 입장에서는 아무래도 두괄식으로 표현된 자기소개서가 익숙하기에 효과적이라 할 수 있습니다.

📁 예문

저는 봉사하는 것을 매우 좋아하는 사람입니다.
왜냐하면 교회에서 봉사활동을 지속적으로 하기 때문입니다.

저는 업무 역량이 뛰어난 사람입니다.
다양한 현장경험과 업무에 필요한 자격증 3개를 모두 취득했기 때문입니다.

상기의 예문처럼 두괄식은 핵심적이고 결론적인 문장을 제시하고 근거와 이유를 들어서 설명하게 됩니다.

자기소개서 형식에서 좀 더 구체적인 문장으로 표현해 보면 다음과 같습니다.

📁 예문

저의 가장 큰 경쟁력은 주어진 일을 반드시 마무리한다는 것입니다. 어떠한 사소한 일이라도 유년 시절부터 일의 마무리에 대한 꾸준한 교육을 받으며 성장을 하였고 학생 때에도 ~~~ 경험을 통하여 ~~한 것이 이러한 경쟁력을 지속적으로 향상시킬 수 있었습니다.

저의 직업적 가치관은 성실과 정직 두 가지 키워드를 내세울 수 있습니다. 성실과 정직을 직업적 가치관으로 삼은 사건이 계기가 있었는데 5년 전에 ~~~ 일이 발생하여 ~~~하였고 이때부터 성실과 정직이 제일 중요한 가치관으로 자리 잡게 되었습니다. (문장 연결 예시 - 입사 후 각오로) 제가 입사를 하면 공직자의 기본이 성실과 정직이 기반이 되어야 하므로 두 가지 가치관에 대해서는 항상 각인하고 업무에 임하겠습니다.

📑 **예문**

생산팀에 근무할 때 다양한 업무 개선으로 생산량을 기존 대비 20% 이상 향상한 경험이 있습니다. 처음에 이곳에 배치받았을 때 불필요한 공정으로 생산 CAPA가 극대화되지 못하는 부분을 우선적으로 5개를 발견하여 분임 토의를 진행하였습니다. 그 결과 5개의 공정을 제거하고 기존의 ○○○ 공정에서 ~~~하면 제품 생산과 품질에는 아무 문제가 없이 오히려 생산 CAPA가 20% 향상된다는 결론을 도출하여 바로 협업에 적용하였고, 설비 유지보수 비용도 월 300만 원에서 200만 원으로 낮추는 기대 효과를 창출하였습니다. (문장 연결 예시 - 개선의 결과로) 이러한 성과 달성으로 회사에서 특별공로상을 수상하였으며 회사에서 지속적으로 추진 중인 OPEX 저하에 크게 기여하였습니다.

※ Opex는 Operating Expenditure의 줄임말로 우리말로는 운영 비용 혹은 업무 지출이라고 합니다. Opex는 기업의 운영 과정에서 발생하는 비용으로 이에는 인건비, 재료비, 임대료, 홍보비, 연구개발비 등이 포함됩니다.

📑 예문

저는 한마디로 *통섭형 인재라 자랑하고 싶습니다.

저의 전공 분야에서도 관련 자격증을 보유하였고 제가 관심 있고 사회적으로 트렌드가 되는 다양한 분야에서도 지속적인 관심을 가지고 재미와 흥미를 즐기면서 발전해 나가기 때문입니다.

※ 통섭협 인재: 소통 능력(Communication), 팀워크(Cooperation), 창의력(Creativity)의 '3C 역량을 갖춘 인재'

이제 두괄식에 대한 확실한 이해가 되셨을 겁니다. 미괄식은 문장 구조가 상기의 예문과 반대라고 생각하시면 됩니다.

2) 제2원칙

가장 신경 써야 할 부분은 자신의 인생에서 가급적이면 의미 있는 사건(입사에 필요하다고 판단되는 사건)을 선별하여 작성하는 것입니다. 여러 개의 사건을 나열하기보다는 큰 사건 하나를 선정하여 육하원칙을 대입하여 작성하는 것이 원칙인데, 중점적인 부분은 문제에 대한 발견과 해결방안 과정에 대하여 구체적으로 작성하고 해결의 결과에 대하여 어떠한 부분을 깨달았는지와 자신의 삶의 방향과 태도에 적용하는 것으로 마무리합니다.

가. 자신이 가진 인생관과 역량을 통하여 문제를 보는 관점 제시(사건을 보는 관점)

나. 문제 해결에 대한 구체적인 과정 작성(어려웠던 점 포함)

다. 해결 후에 자신이 깨달은 점과 삶의 적용으로 더 나아진 자신의 모습 정의와 제시(인생의 좌우명, 삶의 태도 등)

저의 인생에 큰 깨달음과 삶의 마일스톤이 되어준 사건이 대학교 2학년 때 발생하였습니다. 아버지가 부도가 나면서 쓰러지셨는데 그때부터 제가 경제적인 부분을 책임져야 하는 상황이 발생하였습니다. 이때에 제가 버틸 수 있었던 것은 저만의 긍정적 사고가 어려움을 헤쳐 나가는 데 큰 역할을 하였다고 믿고 있습니다.

항상 마음속으로 좋은 날이 반드시 온다는 믿음과 좋은 날을 앞당기기 위하여 내가 우선적으로 어떻게 하여야 할지 나의 생활을 세부적으로 나누어 아르바이트 시간과 동생들 학업 지원 시간을 별도로 마련하여 동생들 공부를 돌봐 주었고 다양한 아르바이트를 통하여 가정 경제에 보탬을 드렸습니다.

현시점에서 되돌아보면 그때의 어려움이 저에게는 어른이 되는 값비싼 성장의 기회로 남들보다 사회성과 위기 극복에 대한 의지가 더욱 향상되었고 어떤 어려움이 와도 포기하지 않는 근성을 배우게 되는 디딤돌이 되었습니다.

상기의 예문처럼 어떠한 사건인지 시기와 사건을 구체적으로 정의하고 어떻게 위기 상황을 극복하였는지 자신만의 역량과 연계하여 작성하고 난 뒤 어떤 방법으로 위기를 극복하였는지 제시하여야 합니다.

예문에서는 〈나의 생활을 세부적으로 나누어〉 위기 상황에 대처했다고 표현하고 있고 마무리는 사건을 통하여 어떠한 결과를 얻었는지를 제시하는 것이 핵심 Point입니다.

3) 제3원칙

핵심은 '누가 읽어도 신뢰 가능한가?'입니다.

본인이 작성하면서 수시로 내가 작성한 글이 제삼자에게 신뢰감을 주는지 계속 체크하면서 작성합니다. 정량적인 표현으로 수치화하는 것이 신뢰감 형성에 아주 많은 도움이 되며 수치화의 기본 공식은 현재 수준 대비 미래 수준을 제시하여야 합니다.

예) 일 생산: 100개에서 20% 향상하여서 일 120개 목표를 달성하였습니다.

수치화할 때는 사회적인 통념상 공감 가능한 선에서 표현하는 것이 좋습니다. 설사 본인이 엄청난 성과를 창출한 수치가 있다고 하더라도 그 수치가 일반인의 수준에 합리적이지 않다면 현실적으로 자제하는 것이 좋습니다.

물론 믿기지 않는 수치를 증명할 객관적 근거가 있다면 당연히 Appeal 하는 것이 맞습니다.

참고로 사실이라 하더라도 믿기 어려운 이야기는 부작용이 있을 수 있습니다.

자기소개서의 경험은 본인만의 경험이므로 대중적 통념과 합리성에 충실하게 하는 것이 매우 중요합니다.

4) 제4원칙

내가 왜 지원사에 부합하는 인재인지 연결고리를 거는 작업입니다.

이를 위해서 지원사의 인재상과 조직문화에 대한 정보를 최대한 검색이나 지인을 통하여 모을 수 있을 때까지 모아서 나를 채용하면 Good Choice라는 느낌을 강하게 전달하면 됩니다.

예) 지원사의 인재상: 실패를 두려워하지 않는 도전적인 인재

📑 **예문**

저에게는 학창 시절부터 "찰거머리"와 "엉뚜기"라는 별명이 있었습니다.
왜 그런 별명이 있었는지 생각해 보면 저는 하나의 일을 완벽하게 완수하고
자 하는 악바리 같은 근성이 있었고 남들과 다른 엉뚱한 상상을 자주 하여 선
생님과 친구들에게 웃음을 많이 선사하였습니다.
이런 성향 때문인지 어떠한 문제가 도출되면 그 문제에 대한 집중력이 강해
지고 엉뚱하다고 평가받는 저의 상상력은 문제를 입체적으로 보는 관점이 활
성화되어 문제 해결에만 그치는 것이 아니라 문제 발생의 근원을 찾아 해결
하는 능력이 자연스럽게 형성되었습니다.
실패에 대한 두려움은 저만의 집중력으로 극복해 내고 엉뚱한 발상은 문제해
결과 더불어 새로운 도전의 실마리가 될 것이라 확신합니다.

상기의 예문처럼 주제와 주제가 자연스럽게 연결이 되도록 작성하
시면 됩니다.

5) 제5원칙

최근에는 채용 즉시 실무에 투입 가능한 인재를 원하고 있는 추세입
니다. 옛날처럼 천천히 적응한다는 개념이 아니라 언제든지 투입할 수
있는 인재라는 것을 강조하여야 합격 가능성이 높아집니다. 경력이 아
닌 신입도 동일합니다.

무조건 붙는 자소서

📑 예문

최근에 기업들이 공통적으로 일을 심히 하는 사람보다 제대로 하는 사람을 원한다는 말을 들었습니다.

저도 이 말에 공감을 합니다. 열심히는 누구나 할 수 있지만 일을 제대로 하는 것은 그 분야의 전문가가 아니면 어렵다고 생각합니다.

저는 000분야에 전문가라고 자부하며, 오늘 당장 투입되어도 실무에 적응 가능하다고 자신합니다.

채용은 쉬워도 해고는 어려운 것이 현실인데 저를 선택해 주시면 후회하지 않는 선택이 되도록 "제대로" 보답하겠습니다. 감사합니다.

참고로 마무리할 때는 너무 길게 각오를 나열하는 것보다 간결하지만 임팩트 있게 마무리하는 것이 좋습니다.

5장

항목별 작성 TIP

5장

항목별 작성 TIP

5-1 성장 과정

성장 과정은 자기소개서에서 중요한 부분 중 하나입니다. 기업은 이를 통해 지원자의 가치관과 인성을 살펴보고 회사에 지원한 배경이 무엇인지 파악을 하고자 합니다.

기업에서 성장 과정을 살펴보는 이유는 예전과 지금에 차이가 있습니다.

예전에는 지원자가 어떠한 환경에서 자랐는지, 부모님은 어떠하고 가훈은 무엇인지에 포커스를 두고 지원자가 어떤 사람인지 파악을 했습니다.

이런 이유로 예전 자기소개서를 보면 항상 성실한 아버지, 인자한 어머니 슬하에서 가훈은 어떻고 형제 관계는 어떻고 등에 대한 글이 대부분이었습니다.

하지만 이제는 이런 유형으로 글을 작성해서는 안 됩니다.

지원사는 당신의 부모님이 어떤 사람인지 관심이 없습니다. 설사 관심이 있다고 해도 대부분이 성실하고 인자한 부모님이라고 작성을 하기에 심사자는 의미를 두지 않습니다.

평가자의 핵심 시선

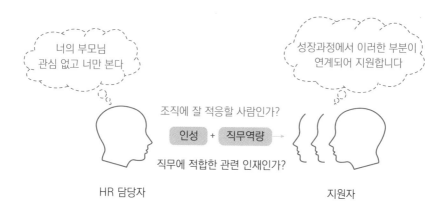

지금은 오직 지원자에 대한 관심이 전부입니다. 전언에서 언급했듯이 성장 과정을 통하여 어떤 사고가 형성되었고 왜 우리 회사에 지원했는지, 그 연결고리가 무엇인지에 대해 탐색하는 것이 가장 중요한 목적이라 할 수 있습니다.

그럼 각설하고 성장 과정 예문으로 바로 설명하겠습니다.

1) 자라온 환경에서 내가 어떤 사람으로 성장을 했는가? (성격이나 인성적인 측면)

※ "조직 생활에 문제가 없습니다"라는 부분과 지원사의 인재상과 Align 하게 작성하는 것이 POINT입니다.

📑 예문

맞벌이 가정에서 외동으로 성장한 저는 자기 완결적으로 일을 하고 어떤 일이든지 혼자서 해결하는 것이 일상화되었고, 그 결과로 주체적으로 목표를 수립하고 달성하는 힘이 길러졌습니다. 이것이 저만의 경쟁력이라 믿고 있습니다.

그러나 대학에서 다양한 써클 활동과 조별 활동을 통하여 함께 소통하며 해결하는 것이 더 효율적이고 원만한 조직 생활을 하는 양질의 밑거름이 된다는 가치 즉 함께 이루어 가는 것의 의미를 배우게 되었습니다.

💡 TIP

지원사의 인재상이 자기 완결적 인재일 경우에(실제로 자기 완결적 인재상을 원하는 기업이 대부분) 상기와 같이 글을 표현하고 자신의 강점이 무엇인지 연계하여 녹여내는데 억지스럽지 않은 문장 구성이 중요합니다.

예문에서는 자기 완결적이고 혼자서 해결을 한다는 것이 좋은 표현이나 자칫 독단적인 모습으로 보일 수 있어서 대학에서 함께하는 가치를 배웠다고 보완했습니다.

참고로 자기 주도적 인재상도 기업에서 중요한 가치로 인식합니다.

2) 지원사에 관심을 가지게 된 이유가 유년 시절이나 학창 시절부터 자연스럽게 형성이 되었다는 점

 예문

코흘리개 시절부터 커튼 사업을 하시는 아버지를 보며 다양한 색채의 커튼과 액세서리들을 접하게 되었고, 자연스럽게 무언가를 만드는 일이나 색을 이용해 그림을 그리는 일에 흥미를 느끼게 되었습니다. 초등학생 때 다녔던 미술학원에서 백화점에 제 그림을 비롯한 다른 그림들을 함께 전시했었는데, 그때 백화점에 걸린 그림들을 보며 화가라는 꿈을 그려왔습니다.

학창 시절 우연하게 학생과학 발명품 대회에 ○○○을 만들어 대상을 수상한 경력이 있습니다. 이 과정에서 내가 정말 원하는 것이 ○○○ 분야라는 것을 알게 되었고 자연스럽게 ○○ 분야에 대하여 다양한 공부를 하고자 대학 전공까지 선택하게 된 계기가 되었습니다. 어쩌면 제가 ○○○에 지원하는 것은 저의 정해진 숙명과 같은 길이라 믿고 있습니다.

TIP

첫 번째 예문보다는 두 번째 예문이 좀 더 자연스럽게 연결이 되고 또한 지원 배경의 의미가 잘 드러났다고 할 수 있습니다.

두 번째 예문의 문장을 세부적으로 설명드리면 자신이 잘한다고 믿고 있고 가장 관심이 있는 분야가 지원하는 분야와 동일 또는 비슷하다는 점을 자연스럽게 내세워 자신이 지원 분야에 다양한 경험을 가진 (or 수상한 전력이 있는 or 대학 전공까지 하게 된...) 전문 인재임을 피력하는 것이 중요합니다.

이때 공신력 있는 수상경험이나 마치 운명처럼 지원하게 되었다는 것을 Appeal 하면 누가 보아도 설득력이 있게 됩니다.

3) "나는 어떤 사람인가? 나는 어떤 각오가 되어 있는가?"로 마무리

📁 **예문**

○○○ 성과 발표에서는 좋은 결과를 얻을 수 있었습니다.

본 활동으로 프로젝트를 수행할 때 창의력과 의견을 표출함에 있어 저의 의견이 실현된다는 점이 매력적으로 다가왔습니다. 발표가 끝나고 주변 동료들이 정말 완벽하고 디테일하게 준비를 잘하였다는 칭찬을 해주었는데 이를 통하여 평소의 저의 꼼꼼함을 더욱 제고하는 기회 곧 양질의 밑거름이 되었습니다.

업무 특성상 내부 팀원들끼리의 회의와 업무를 자주 진행하기 때문에 타 부서 팀원들과 친해지기에 어려움이 있다는 점을 알게 되었는데, 친해지기 위해서 타 부서의 업무 지원은 물론 회식 자리까지도 참석해 민폐가 안 되는 선에서 친화력 있는 존재가 되기 위해 노력했습니다.

이러한 노력으로 저는 사람과 사람을 연결하고, 안정적인 인간관계가 만들어내는 시너지 효과의 가치를 알게 되었고 특히 상대의 Needs에 관심을 가지는 것에 관심이 있는 사람이 되었습니다. 입사 후에도 상대의 Needs에 관심을 가지는 팔로워로 역할을 다하고 싶습니다.

첫 번째 예문은 주변 사람의 입으로, 간접적으로 나는 어떤 사람인지와 각오를 나타낸 경우이고 두 번째는 직접적으로 표현했는데 2가지 모두 성장 과정에 잘 어울리는 문장입니다. 중요한 것은 성장 과정의 마무리는 반드시 나는 어떤 사람인가에 대한 결론과 나의 각오를 피력하는 것이 중요합니다.

5-2 지원동기

상기의 항목을 작성하기 위한 전초작업으로 지원사의 정보를 무조건 파악해야 합니다. 정보가 많으면 많을수록 작성하기가 수월해지고 적용하면 적용할수록 합격을 결정하는 양질의 밑거름이 된다는 사실을 기억하시면 수월하게 진도가 나갈 겁니다.

지원동기에서 중요한 포인트는 성장배경에서 살짝 언급했지만 마치 운명처럼 지원하게 되었다는…. 어떤 느낌이냐면 정말 일해보고 싶은 회사라서 지원했다는 간절함과 절박함을 보여주도록 작성하는 것이 Point이고 이 부분에 자신의 직업관*을 담아서 작성하는 것입니다.

*직업관의 사전적 의미는 개인이 직업에 대해 가지는 태도나 신념을 의미하는데 이러한 직업관이 자기소개서에 반영되어야 하는 이유는 지원자가 선택한 직업과 기업에 대한 태도와 신념이 지원사와의 연계성과 적합성을 강조하기 위한 목적입니다.

정리를 하면 지원동기 작성은 2가지 항목에 근거하여 작성합니다.

1) 기업에 대한 고유한 지원동기

본인의 가치관과 직업관이 지원 기업의 핵심 가치와 Align 하게 작성합니다.

📑 예문

직업 선택에 있어서 제가 가장 중요하게 여기는 기준은 흥미와 자기 계발이 동시에 이루어지는 것을 기준으로 삼고 있습니다. 내가 하는 업무가 재미있으면 매일 보람된 출근을 할 수 있고 연차가 누적될수록 나의 모습도 전문가의 모습으로 채워지므로 성취감이 크게 다가올 것이라는 평소의 소신이 있습니다. 지원사의 '신나게 일하고 지속적으로 성장하라'라는 모토를 보았을 때 제가 가야 할 곳임을 본능적으로 느꼈고 지원 분야가 제가 가장 잘할 수 있는 ○○○ 이므로 자기소개서를 작성하는 지금도 설레는 마음을 감출 수가 없습니다.

💡 TIP

입사에 대한 간절한 마음을 표현하고 지원사의 비전과 문화, 인재상, 경영 철학, 사업 방향성과 자신의 직업관이 동일함을 내세워 평소에 입사하고 싶었다는 사실을 집중적으로 부각하는 것이 좋습니다. 특히 지원사의 사업에 관한 현재 동향을 검색해서 적용하는 것도 지원자가 지원사에 관심이 많다는 것을 나타내는 좋은 방법입니다.

예를 들면 인터넷 기사를 참고하여 "지원사의 ○○상품의 유럽 진출에 맞추어 상품 인증과 수출입 통관 업무에서 탁월한 성과를 창출하고 싶습니다."와 같은 문장은 심사에 좋은 영향을 줍니다.

2) 지원한 직무에 요구되는 핵심역량에 근거하여 본인의 관련된 경험과 사례를 연계하여 작성

지원한 직무의 핵심역량이 무엇인지는 검색을 통하여 확인하고 만약 정보가 없을 경우에는 포털이나 커뮤니티 사이트에 질의를 해서라도 관련 정보를 모으려는 노력이 필요합니다. 실제로 이런 노력을 한 사람의 자기소개서는 누가 보아도 노력의 흔적이 남습니다.

경험과 사례는 여러 가지 사건들에 대하여 소개하기보다는 한두 개의 중심되는 사건을 작성합니다. 사건이나 경험의 소재는 지원사의 핵심 역량과 관련 있게 작성하고 사건과 경험의 전개는 상황(어떤 일이 있었는데) 〉 과정(어떤 과정을 거치며) 〉 결과(어떤 역량이 향상되었고) 〉 결과의 적용(~~ 사건을 계기로 ~~~한 가치를 깨달았다. or ~~한 교훈을 얻었다)의 구조로 작성하면 됩니다.

예문

〈HRD 전문가(인사 교육 전문가) 역량이 요구되는 인사 담당자 채용〉

전역 후 8개월 동안 시간적 여유가 있어서 ○○ 기업 인재개발원에서 아르바이트를 수행한 경험이 있습니다. HRD 사내 강사를 지원하는 업무였는데 처음에는 HRD의 개념이 생소했지만 다양한 강사님들의 교육과 지원 업무를 통하여 자연스럽게 개념이 형성되었고, HRD 교육에 필요한 관련 자료를 찾아 교본에 포함하는 업무를 하며 기업에서 HRD의 중요성과 차후 어떤 기대 효과를 창출하게 되는지를 알게 되었습니다.

결국 관심이 흥미를 유도하였고 강사님들과의 유대관계를 통하여 HRD에 대한 체계적인 이론과 교육의 방향성에 대하여 깊이 있게 배우게 되었습니다.

대학 졸업 후에도 인재교육의 전문가가 되고자 ○○○ 교육을 이수하였으며, 현재는 ○○ 자격도 취득한 상태입니다.

채용의 기회가 주어진다면 제가 보유한 전문가적 역량이 더욱 발전되도록 열심히 배우고 성장하는 팔로우가 되겠습니다.

지원 분야와 자신의 경험이 일치할 때 심사관의 관심은 집중되게 되며, 기업마다 실무적인 인재를 원하는 Trend에서 좋은 평가를 받을 수 있습니다. 특히 핵심역량의 다양한 경험자 즉 실무경험 부각이라는 관점에서 합격을 결정하는 원동력으로 작용하게 됩니다,

3) 지원 직무에 대한 정확한 이해

지원하는 직무에 대한 충분한 이해를 바탕으로, 지원자가 어떤 역할을 수행할 수 있는지를 구체적으로 서술해야 합니다.

2)의 HRD 업무에 하기의 예문과 같이 작성 가능합니다.

📑 예문

HRD 업무를 수행하는 핵심역량은 인재에 대한 통찰력, 통합적 사고, 합리적이고 논리적인 의사소통이 핵심 역량이라고 배웠고 사람에 대한 진심과 지속적인 동적 관심이 있어야 인재개발이라는 결과로 연결된다는 중요한 가치도

체험하였습니다.

저의 시작은 HRD(인재개발)에서 출발하였지만 HRM(인재관리)에 대한 역량이 플러스된다면 종합적인 HR 업무가 가능하므로 HRM 업무에 대한 경력도 3년간 축적하였고, 현재는 노무관리(ER/LR)에 관련된 법령에 대한 지식도 상당부분 경험과 학습으로 보유하고 있는 상황입니다.

〈입사 후 포부로 연결〉 이런 경쟁력으로 조직 활성화와 교육, 합리적 승진과 보상 체계 구축, 더 나아가 노무 이슈와 같은 민감한 사안에도 적극적으로 대처할 수 있는 인재로 성장하고 싶습니다.

TIP

지원자의 전문성을 확실하게 느낄 수 있고, 전문가의 역량을 갖추기 위한 지원자의 노력과 업무를 대하는 열정과 관심도, 특히 본인이 정말 좋아서 하고 싶어 하는 간절함과 업무를 통하여 성장하고자 하는 의지 노출이 아주 잘되게 작성해야 하는데 예문은 모두를 담고 있으니 글의 형식을 잘 파악하시기 바랍니다.

(5-3) **자신의 장단점**

자신의 장단점은 지원 분야에 잘 적응하고 원활하게 생활을 할 수 있는가에 대한 평가를 하는 것이 목적입니다.

예를 들면 연구개발을 하는 연구직에서 단점을 인내심이나 새로운 것에 대한 도전에 어려움을 느낀다고 한다면 이런 단점은 연구직에 맞지 않는 단점으로 불합격의 원인이 될 것이 분명합니다.

따라서 장단점은 지원 분야의 특성과 지원자의 장단점에 대한 조화를 보는 것이라 생각하면 정확하고, 역으로 지원 분야 특성과 조화가 안 된다면 서류전형에 불합격될 가능성이 높다고 생각하시면 됩니다.

장점 작성의 요령은 지원 업무와의 연관성이 있는 장점, 즉 지원 업무를 잘 수행하게 하는 장점이 무엇인지 고민하여 작성합니다.

1) 장점을 문장 곳곳에 배치하여 종합적으로 인성이 좋은 사람이라는 것을 강조합니다.
2) 글자 수가 한정되어 있으므로 소위 고스톱 용어인 일타쌍피의 장점을 쓰도록 합니다. (아주 효과적입니다)

📑 **예문**

〈지원 업무가 회계, 자금, 재무 분야일 때〉

초등학교 때 주산 학원에 다니며 수에 대한 개념과 암산 능력을 길렀습니다. 숫자에 대한 개념, 정확한 계산과 이해 능력이 바로 저의 경쟁력입니다.

이를 지원하는 성실함과 꼼꼼한 성격은 남들이 병적이라 할 정도로 지나치다고 평가할 때도 있지만 저는 오히려 이런 저의 꼼꼼함이 회계 업무를 수행하는 데 최적화된 장점이라 믿고 있습니다.

인간관계에서 단 한 번도 문제가 발생하지 않았는데 이는 항상 습관적으로 상대의 Wants가 무엇인지를 고민하는 저의 배려심에서 기인한 것이라 믿고 있습니다.

🔍 문장 해설

평가자가 보았을 때 현장에 바로 투입해도 전혀 문제가 없는 인재라는 느낌이 듭니다. 일에 대한 근성을 직접적으로 표현하여 자신의 장점이 업무와 연계됨을 자연스럽게 강조했으며, 성실함과 꼼꼼한 성격 그리고 배려라는 장점을 이어지는 문장에서 연속하여 표현함으로 지원자의 업무적합도와 인성을 제고한 문장입니다.

예문처럼 자신의 분야와 연계한 장점을 도출하는 것이 합격을 결정짓는 중요한 요소이니 가급적이면 한 개보다는 문맥의 흐름이 괜찮다면 최대 3개까지 언급하는 것이 좋을 것 같습니다.

단 너무 많은 장점의 나열은 부정적 이미지를 제공할 수 있으므로 지양하는 것이 좋습니다.

📁 예문

〈모 전자 서비스 직군 지원〉

제가 모 전자 서비스 센터에서 접수 아르바이트를 한 적이 있습니다.

그때 중년의 신사분께서 클레임을 제기하시며 하신 말씀 중에 미소만 보이고 세련되고 친절한 말투만 제공한다고 고객에게 친절한 것이 아니고, 진정으로 함께하는 마음을 보여주고자 고객의 Needs가 무엇인지 살펴보고 불편에 대한 진정한 공감을 보여줄 때 고객에게 감동을 주는 것이라고 말씀하셨는데 이 말씀이 아직도 진한 컬러의 기억으로 각인되어 있습니다.

저는 고품격 CS의 근본은 고객의 Needs가 무엇인지 신속하게 파악하여 회사가 허용하는 범위 내에서 상담의 진정성을 제공하는 것이 CS의 최고 덕목이라 믿고 있으며, 이는 제가 가진 CS의 방향성이라 자부합니다.

아르바이트 마지막 날 센터장님이 저에게 해준 말씀 중에 당신의 친절한 미소도 아름답지만, 고객에게 보여준 진정성 있는 인간성이 더욱 좋았다고 하셨는데 입사하게 된다면 동일한 칭찬이 연속되도록 제대로 임하겠습니다.

🔍 문장 해설

구체적인 사건을 통하여 평가자에게 신뢰감을 형성하고 CS에 대한 소신을 밝힘으로 자신이 지원 분야에 적합한 인재임을 매우 잘 증명했으며, 특히 전언에 언급한 일타쌍피의 장점 즉 미소도 아름답지만, 고객에게 보여준 진정성 있는 인간성이란 표현은 평가자가 누구든 지원자에 대한 긍정적 기대감을 주기에 충분한 문장입니다.

누구나가 신뢰할 만한 구체적 사건을 통하여 자신의 강점을 드러내는 것도 아주 좋습니다.

일타쌍피 장점표현 문장구조

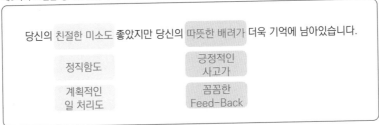

제3자의 표현을 평가를 인용하여

> 당신의 친절한 미소도 좋았지만 당신의 따뜻한 배려가 더욱 기억에 남아있습니다.
>
> 정직함도 · 긍정적인 사고가
>
> 계획적인 일 처리도 · 꼼꼼한 Feed-Back

예문)
아르바이트 마지막 날 센터장님이 저에게 해준 말씀 중에 당신의 <u>친절한 미소도</u> 아름답지만 <u>고객에게 보여준 진정성 있는 인간성</u>이 더욱 좋았다고 하셨는데 입사하게 된다면 동일한 칭찬이 연속되도록 제대로 임하겠습니다.

제가 자기소개서를 심사하거나 첨삭을 위해 받은 자기소개서 원본에서 가장 많이 접한 단점 항목이 "거절을 잘 못하는 성격"이라는 문구였는데, 이제 이 부분은 지원자들이 너무 많이 사용했으니 바꾸었으면 합니다.

장점의 작성은 솔직하게 별 어려움 없이 누구나 작성이 가능한 데 반하여 유독 단점은 많은 사람들이 잠시 멈추어 가는 어려운 항목이고 어느 기업에서나 요구하는 단골 메뉴이므로 단점 항목에서 작성자의 스트레스와 고민이 증가하는 것이 당연하다 생각하면 편하게 작성할 수 있을 겁니다.

저 역시 기업에 입사할 때 제가 인지하고 있는 단점을 너무 정직하게 작성하면 불합격될 것 같은 느낌에 어떻게 효과적으로 단점을 그럴듯하게 표현하여 심사관의 마음을 움직일까 고민을 한 적이 있는데, 이는 모든 분이 마주하는 현실적 고민인 것 같습니다.

가장 중요한 것은 본인은 단점이라고 표현한 부분이 심사자 관점에서는 단점이 아닌 듯한 느낌을 받도록 해야 합니다.

단점 같은데 어떻게 보면 장점 같은 느낌…. 또 한 가지는 단점인데 조금만 노력하면 바로 개선이 될 듯한 단점으로 작성해야 합니다.

예를 들어 단점을 있는 그대로 솔직하게 드러내서 심사자 관점에서 '이 사람 단점은 진짜 엄청나구나!' 또는 '개선이 안 될 것 같은 단점인데?' 이런 생각이 든다면 합격은 거의 물 건너갔다고 생각하셔도 무방할 겁니다.

그럼 어떤 단점이 좋은 예일까요? 예문을 들어보겠습니다.

📑 좋은 단점 예문 1

저는 상대의 부탁에 거절을 잘하지 못한다는 것이 단점이라고 생각합니다.

거절을 잘하지 못하므로 주변 인간관계는 원만하지만 거절 못 한 약속을 지키기 위해 힘이 많이 들었던 적이 있습니다. 현재는 무리하게 부탁을 들어주기보다는 상황설명 후 다른 방법으로 도와줄 방법이 없는지 함께 고민하고 어려움에 공감하는 감정이입으로 상대의 기분이 상하지 않게 거절하는 방법을 찾기 위해 노력하고 있습니다.

이러한 노력을 통해 사회생활을 본격적으로 시작하게 되면 저의 단점은 자연스럽게 개선될 것이라 믿고 있습니다.

TIP

단점을 작성할 때에는 단점만 서술해서는 안 되고 반드시 단점을 개선하는 본인의 계획을 함께 작성해야 합니다.

어떤 사람은 단점만 작성하고 이를 극복할 개인의 의지는 미작성하는 경우가 있는데 평가에서 상당한 마이너스 요인이니 꼭 명심해주시기 바랍니다.

📑 좋은 단점 예문 2

단점으로는 '쓴소리를 못한다'입니다. 분명히 주어진 업무에 지장을 주는 행동인데도 불구하고 상대의 기분을 지나치게 살피다 보니 쓴소리를 못하는 것 같습니다.

무조건 붙는 자소서

최근에 아르바이트를 하면서 신규직원이 흡연으로 자리를 자주 비워 갈등을 겪었습니다. 이로 인한 업무 과부화를 독단적으로 해결하려 노력했지만 결과적으로 업장의 클레임 비율이 상승했기에 문제 해결을 위해 '아닌 것은 아닌 거다'라는 마인드셋을 장착해 문제의 장본인과 원만하게 상황에 대하여 설명을 하고 클레임 비율을 30% 감소시킨 경험이 있습니다.

이러한 마인드셋을 통해 잘못된 부분에 대하여 말을 할 수 있는 용기를 가지게 되었습니다.

개선의 기대효과를 설명할 때는 감소하였다는 표현보다는 정량적인 수치를 통하여 몇 % 감소하였다고 작성하는 것이 훨씬 효과적이라는 점 기억해 주세요! 이 점은 정말 중요하고 보통 기업에서 일을 할 때에도 정량적인 수치화가 절대적으로 요구됩니다.

📇 좋은 단점 예문 3

효율적인 결정을 위한 결정 시간이 오래 걸린다는 단점이 있지만 이를 극복하기 위하여 '캘린더 메모' 습관으로 시간을 적절하게 세분화하고, 빠른 행동과 실행력으로 업무에 추진 속도를 높이고, 특히 스스로 미션 목표를 메모장에 설정하여 계획한 일들을 실천함으로 결정에 지체된 시간을 효율적으로 극복하고 있습니다.

앞의 예문은 분명한 단점으로 인식되는데 '캘린더 메모'라는 표현을 통하여 자신의 경쟁력으로 (목표 의식과 이를 이루기 위한 계획이 철저한 인재라는 점 부각) 우수하게 Appeal 한 문장이라 하겠습니다.

결론적으로 여러분이 만약 채용 담당자라면 어떤 느낌을 받을까요?

자기소개서 문장 하나하나가 중요한 이유는 채용 담당자의 두뇌에 각인되는 딱 하나의 문장이 있을 수 있고 그 문장 하나로 합격/불합격을 좌지우지할 수 있으므로 한 문장을 작성하더라도 임팩트 있고 잘 구성된 문장으로 완성하는 것이 중요합니다.

이제 예문 3가지를 통하여 단점을 어떻게 작성해야 하는지 감을 잡았을 거라 확신합니다. 여러분의 단점을 앞의 예문처럼 경쟁력 있게 작성하는 연습을 평소에 해보시면 자기소개서에 대한 두려움이 상당히 제거될 것입니다.

참고로 본 항목에서는 자신에 대한 과장적 표현이나 없는 사실에 대해 거짓말을 하라는 것이 아니고 글의 느낌과 방향성을 위한 가이드를 드린 것이니 오해하지 마시기를 바랍니다.

장점, 단점 작성 핵심

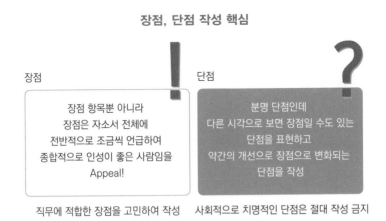

장점	단점
장점 항목뿐 아니라 장점은 자소서 전체에 전반적으로 조금씩 언급하여 종합적으로 인성이 좋은 사람임을 Appeal!	분명 단점인데 다른 시각으로 보면 장점일 수도 있는 단점을 표현하고 약간의 개선으로 장점으로 변화되는 단점을 작성
직무에 적합한 장점을 고민하여 작성	사회적으로 치명적인 단점은 절대 작성 금지

무조건 붙는 자소서

성공사례와 실패사례

성공과 실패를 묻는 이유는 지원자의 강점과 실패에 대한 강점을 파악하고자 함이며 이런 성공과 실패를 통하여 지원자의 가치관에 영향을 준 요소와 취득한 교훈이 무엇인지 알기 위한 항목입니다.

본 항목에서 작성자들은 대단히 거창한 성공사례에 집중하는 반면 실패사례는 무게감이 크지 않은 사례에 집중하는 모습이 일반적인데, 사건의 성공이든 실패이든 사건의 볼륨보다는 일상의 사건 속에서 자신이 진심으로 느꼈던 사건에 대하여 구성하는 것이 좋은 결과로 이어진다고 할 수 있습니다.

인사 담당자가 본 항목에서 세부적으로 체크하는 부분은 지원자의 문제해결 방식과 성공 스토리를 이루어내는 일 처리 과정에 집중한다는 사실을 염두에 두고 작성하시면 됩니다.

마무리는 성공이든 실패이든 사건을 통하여 본인이 취득한 결과물이 어떠한 것인지 제시하는 것으로 정리하시면 됩니다.

성공사례 작성 요령은 어떠한 성공을 했는지 두괄식으로 표현하여 어떤 성공인지 핵심 결론을 먼저 제시하여 평가자의 흥미를 유발하는 것이 좋습니다.

그다음 성공 과정에서는 어떠한 상황인지 먼저 전제하여 어떻게 주어진 상황을 극복했을까?에 대한 궁금점을 유발하는 것이 필요합니다.

본인이 어떤 계획과 활동들을 실천함으로 성공에 이르렀는지 구체적으로 풀어서 작성하시고, 결론은 이런 과정으로 배운 점이나 느낀 점, 이를 통하여 나의 어떠한 역량이 생성 또는 Development 되었는지와 이를 입사 후에도 적용할 수 있는 비전을 제시하는 것으로 마무리하시면 됩니다.

실패사례 작성은 사건을 경험한다는 점에서 성공사례와 크게 다르지 않으나 신경을 써서 작성해야 하는 부분으로 첫 번째 실패 상황에 대한 분석을 구체적으로 제시하는 것이 효과적입니다.

예를 들어 "~~한 상황에서 제가 제시한 ○○ 솔루션에 대하여 팀원 10명 중 저를 제외한 9명 모두가 반대를 주장했고 저 역시 그 순간 많이 흔들렸지만 이러저러해서 결국은 매출이 3개월 만에 정상 수준으로 회복되었습니다."라는 좀 드라마틱한 과정으로 전개한다면 본인의 역량이 훨씬 더 빛을 발하게 됩니다.

두 번째는 실패의 상황을 바라보는 작성자의 관점이 남들과는 다른 시각임을 나타내는 것이 중요합니다.

예를 들어 "이런저런 이유로 프로젝트가 중간에 끝이 날 위기였지만 저는 이 순간이 오히려 역전의 기회임을 이런저런 이유로 알게 되었고 또한 이러한 상황에 대하여 그간에 전공하고 배운 ~~~ 이로 극복할 수 있을 것이라는 믿음은 오히려 분위기를 반전할 수 있는 기회가 되었습니다."와 같이 사건의 본질을 정확하게 보는 시선을 가졌다는 것을 문장에 녹여내는 것이 중요합니다.

성공, 실패 작성 Process

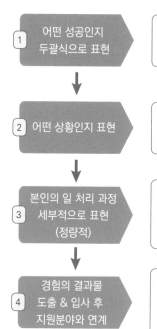

1 어떤 성공인지 두괄식으로 표현	핵심 결론을 먼저 제시하여 심사자의 읽고 싶은 흥미를 유도
2 어떤 상황인지 표현	문제 상황을 구체적으로 설명하여 심사자의 호기심을 자극해야 함
3 본인의 일 처리 과정 세부적으로 표현 (정량적)	상황(or 문제) 인식을 어떻게 판단(or 분석)했는지 선 작성 후 본인의 강점 즉 전문성, 창의력, 순발력, 긍정 사고 등이 잘 드러나게 작성
4 경험의 결과물 도출 & 입사 후 지원분야와 연계	경험으로 배운 점이나 느낀 점, 나의 어떠한 역량이 생성 또는 Development 되었는지 정리 후 입사 후 나의 비전을 제시

📑 예문

[고객 중심 마인드와 주인의식은 저만의 핵심 경쟁력]

제품의 품질 불량으로 인한 손해배상을 요구하는 기업 고객을 단골로 유치한 결과로 진정한 고객 만족 실현과 전년 대비 150% 매출 신장을 이루어 냈습니다. 저는 3년간 OA 렌탈회사에서 근무했는데 어느 날 저희가 공급한 토너가 제품 불량으로 우수 기업 고객과의 계약 해지는 물론 상당한 금액의 손해배상을 해야 하는 일이 발생하였고, 이는 회사에서 가장 선급하게 해결해야하는 장애 요소가 되었습니다. 그때 주인의식에 기반하여 반드시 해결해야 한다는 각오와 목표로 입사 동기 2명과 함께 찾아가서 사흘간 고객사 직원이 퇴근하면 300대 이상의 토너와 카트리지의 세척을 완수하였고, 또한 작업 조치 후에도 회사에 비상 대응팀 신설을 건의하여 고객에게 30분 이내로 바로 출동할 수 있는 별도의 TF팀을 만들어 고객사와 계약 해지 위기를 넘겼고, 불량토너로 인한 손해배상 금액도 적극적인 저의 대응에 감격한 고객사의 배려로 최소한으로 마무리되었습니다. 물론 3일 동안 300대의 카트리지를 세척하는 중노동을 할 때 힘들었지만 견디게 한 힘은 바로 고객사가 감당해야 하는 피해를 당연히 우리가 책임져야 한다는 주인의식과 프로정신이 도움이 되었습니다. 지금 간절하게 입사의 문을 두드리는 ○○도 고객 중심 경영을 의미 있는 가치를 핵심 가치로 두고 있습니다. 고객 중심의 마인드 중심에는 내가 곧 회사의 대표이고 내가 회사의 브랜드라는 주인의식만이 다양한 Needs와 Wants를 보유한 고객에게 가장 좋은 CS라는 가치를 경험으로 배웠습니다. 저의 CS에 대한 가치가 입사를 통하여 더욱 향상된 고품격의 CS가 되기를 희망합니다.

5-5 입사 후 포부

채용 후 자신의 단계별 성장 계획을 제시하는 항목으로 개인의 포부를 작성합니다. 기업의 목표 달성을 위한 비전 안에서 자신의 포부를 밝히는 것이 핵심이고 포부의 제시는 구체성을 가질수록 가점을 받게 되는데 일반적이고 막연한 비전 제시는 금하는 것이 좋습니다.

예를 들면 전문가가 되겠습니다. 최선의 노력으로 최선을 다하겠습

무조건 붙는 자소서

니다. 열심히 성실하게 근무하겠습니다. 이런 글들은 글을 쓰는 저도 지겹게 느껴집니다.

또한 너무 거창하게 작성하지 말고 입사를 갈망하는 지원자의 입장에서 겸손하게 작성하고 진심과 자신감을 표현하는 것이 잘 작성하는 비결입니다.

성장의 구체성에서 반드시 표현해야 하는 핵심은 입사 후 업무에 도움이 되는 공부를 지속적으로 병행하여 자신의 업무 전문성을 극대화하겠다는 표현이 중요합니다.

예를 들면 인력 관리 전문가로 신속하게 포지셔닝하기 위해 HRD 온라인 교육을 이수하겠다는 계획 제시나 선배님들이 현장에서 적용하는 노하우가 무엇인지 집중하여 배우겠다는 자세 제시를 통하여 가능합니다.

저는 입사 후 포부 작성을 아래의 그림과 같이 제시해 드립니다.

입사 후 포부 핵심

POINT
기업의 목표 달성을 위한
VISION과 자신의 포부를 MIX

겸손하게 작성

본인 역량이 어떻게 기여하는지	성장의 구체성 ※ 어떤 전문성을 향상?	진심과 자신감 드러나게	단계별 성장 ※ 가급적이면…

지원 기업이 추구하는 Vision과 경영의 To-be Goal! 파악

앞의 그림에서 언급한 부분 중 단계별 성장은 가급적이면 사용을 하고 글자 수 제한이나 글을 구성하기가 어려운 경우는 적용하지 않아도 됩니다. 그럼 이제 예문으로 작성 요령을 알아보겠습니다.

📑 **예문**

[고객 만족을 이끌어 낼 수 있는 영업 관리자]

전 직장인 호텔 뷔페에서 업무를 할 때 고객들이 만족할 수 있도록 동선에 변화를 주어 웨이팅 시간을 줄인 경험이 있습니다.

조식 기준으로 웨이팅이 걸리면 평일 대기 시간이 30분 정도가 되는데 이는 매장 내 서빙 직원의 업무가 복합적이기에 손님 맞을 테이블 정리의 주체가 정의되지 못해 생긴 결과임을 발견하였습니다. 업무 일주일째, 팀장님께 이런 문제를 미팅 시간에 공론화해도 되는지 사전 승인을 득한 후 직원 미팅 시간에 이 문제에 대하여 이슈화시키고 해결책으로 테이블 청소 전담 직원을 운영하는 결과로 고객 대기 시간을 기존 30분에서 15분 단축하여 고객 만족도를 크게 향상 시킨 경험이 있습니다.

이런 결과는 고객 불편함을 세밀하게 살펴보는 습관적 CS 감성이 이루었다고 자부합니다.

저는 CS의 기본은 고객의 입장에서 생각해보는 것이라 관련 업계 선배님들께 배워왔으며 저 또한 고객의 시선으로 바라보는 체험을 통하여 배워온 것에 대한 믿음을 가지게 되었고 또한 불편함에 대한 개선 변화를 주지 않으면 고객을 만족시킬 수 없다는 것을 배웠습니다.

이는 고객의 기쁨이 행복이라는 지원사의 고객 중심 경영의 목표를 이루어 가는 데 제가 기여할 수 있다고 믿고 있습니다.

업무에 있어 능동적으로 직무를 수행하며 변화를 주어 고객들이 만족을 높일 수 있는 영업 관리자가 되고 싶습니다.

🔍 문장 해설

본인이 보유한 업무 역량을 직접 경험한 사건으로 표현하여 신뢰감을 형성하고 이에 기반하여 입사 후 어떤 자세로 업무에 임할 것인지를 구체적이고 현실감 있게 제시하였습니다.

또한 목표 제시를 두괄식으로(소제목) 강하게 표현하고 고객 만족을 이끌어 낼 수 있는 영업 관리자란 표현으로 전문가라는 느낌을 제고하고 특히 누가 보아도 신뢰감 형성이 가능한 사건과 정량적 성과를 입사 후 어떻게 적용할 것인지에 대하여 아주 자연스럽게 연결한 좋은 문장이라고 할 수 있습니다. 상기 예문에서는 성장의 구체성, 작성자의 진심과 자신감이 모두 녹여져 있습니다.

📋 예문

매일 정부에서 제시하는 산업 보건 방향을 체크하여 보건관리 업무 안에서 최대한의 역량을 확보 후 많은 구성원의 삶의 질 향상에 도움을 주고 싶은 꿈이 있습니다. 이를 위한 계획으로 건설 현장에서 보건관리에 대한 이해와 끊임없는 모니터링을 통해 공부하고 분석하여 근로자에게서 직업병이 발견될 위험에 처했을 때는 일반검진, 특수검진을 통해 건강 상태를 확인하고 작업 환경 개선에 힘쓰겠습니다. 특히 새로운 공정이 도입될 때 공정에 대한 이해도를 높이고 공부하여 보건관리 업무에 기여하겠습니다. 만약 어떤 문제가 생긴다면 선후배 동료들과의 소통으로 적극적으로 과제를 해결해 나가고자 합니다. 안전/보건관리 업무를 진행하는 과정은 선임자 또는 다른 부서와의 협업이 필수라는 사실을 경험을 통해 배웠기 때문입니다. 혼자 일하는 것이 아니라 함께 일하는, 함께 일하고 싶은 사람이 되고 싶습니다.

🔍 문장 해설

본인 역량이 어떻게 기여하는지보다는 성장의 구체성이 구체적으로 부각된 예문입니다.

수많은 자기소개서를 접하다 보면 입사 후 어떻게 어떻게 하겠다는 계획들의 나열이 많이 보이는 데 일반적인 문장 구조라 할 수 있습니다. 물론 나쁘지는 않지만, 여기에 기존에 자신이 가진 역량이 무엇인데 입사해서는 자신의 역량을 어떻게 업무에 적응하고 어떻게 발전시켜 나갈지에 대해 작성한다면 평가자의 마음을 움직이는 훨씬 더 효과적인 글이 될 것입니다.

적용해 보면 "3년 전에 산업보건과 관련한 교육을 이수한 적이 있었고 교육 과정에서 ○○○ 부분에 흥미가 생겨 평소에도 산업 보건의 ○○○ Trend가 무엇인지 관심이 있었습니다."의 문장을 예문 전언에 적용한다면 이 분야에 관심이 있고 전문성이 있는 인재라는 느낌을 줄 것입니다.

글이란 것이 조화가 잘되면 전혀 다른 느낌을 준다는 사실을 염두에 두어야 합니다.

글의 후반부 협업이라는 표현과 함께 일하고 싶은 사람이라는 표현은 조직에 잘 적응할 수 있는 인성을 보유했다는 표현입니다.

단계별 성장 예문

입사 1년 차에는 조직문화 적응과 업무에 대한 실무 감각에 집중하여 자기 완결적 업무가 가능하게 하고 3년 차에는 반드시 ○○○ 자격증 취득을 완수하고 5년 차에는 업무적 시너지가 발생하는 ○○○ 자격증까지 취득하여 ○○○ 전문가 포지션을 완벽하게 갖추도록 하겠습니다.

입사의 기회가 주어진다면 무엇이든지 목표를 정하면 반드시 달성하는 성실함과 그에 따른 성취감으로 손색없는 전문가로 성장하겠습니다.

단계별 성장은 예문처럼 시기를 확정하여 제시하면 신뢰감이 제고되고 지원자의 자신감을 보여주기에 더욱 효과적이니 단계별 성장을 작성한다면 이왕이면 구체적 시기를 활용하시기를 추천해 드립니다.

정리하면 내가 관심 있고 가치 있는 부분에 대하여 전문가의 역량을 확보하고자 입사를 위해 이러이러한 노력을 해왔으며, 입사하면 내가 보유한 역량을 어떻게 적용할 것인지에 대한 계획과 회사 실무에서 취득한 노하우에 기반하여 회사 업무 중 어떤 부분을 개선·발전시켜 지원사가 추구하는 To-be Goal에 기여하겠다는 포부로 마무리하시되 이러이러한 가치도 함께 달성해 보겠다는 느낌으로 작성하시면 완성이 됩니다.

다만 글이 과하지 않게 담백하게 작성하시면 좋습니다.

5-6 공기업 자기소개서 특징

공기업 자소서의 특징은 지원자의 도덕적 청렴성과 윤리의식에 기반을 두어 소위 조선시대 선비처럼 작성해야 한다는 의식이 있습니다.

하지만 이렇게 무거운 색채를 기반으로 작성하지 마시고 민간기업과 동일하게 다이내믹하게 작성하시면 됩니다.

(공기업 자소서 심사자의 연령대가 낮아졌으며, 무거운 느낌보다는 가벼운 느낌에 대하여 익숙합니다.)

다만 공기업은 이익 추구와 함께 공익적 성격도 함께 있어 지원자의 직업윤리 의식만큼은 중요한 비중을 차지하게 되므로 이 부분은 좀 더 무게감 있게 작성하시면 됩니다.

어떤 느낌이냐면 정장에 넥타이를 입고 출근을 하는 것이 아니라 콤비에 청바지를 입은 모습처럼 좀 더 캐주얼하게 작성을 한다면 좀 더 효과적인 자기소개서가 될 것입니다.

공기업 직업윤리는 2가지로 구분됩니다.

- 공동체 윤리: 인간 존중에 기반한 의식으로 봉사하며, 책임 있고 규칙을 준수하고 예의 바른 태도로 업무에 임하는 자세
- 근로 윤리: 주어진 업무에 대한 사명 의식으로 성실, 근면, 정직하게 업무에 임하는 자세

상기의 윤리의식에 대한 차이를 명확하게 구분하시고 직업윤리 의식이 어떠한가에 대한 항목을 주면 살아온 경험에서 원칙이나 규정 또는 사회적 윤리를 준수했던 경험을 직업윤리 의식과 연결이 되도록 작성하시면 됩니다.

구체적 예로 공정성이 위협받는 상황에서 공정성을 고수하며 성공

스토리를 만든 경험, 불의한 청탁이나 부정적 방법들에 대하여 단호하게 대처하였던 사례, 사회의 어려운 이들을 위해 도와준 경험들(예: 불우한 청소년이 있는데 무료로 과외를 해준 경험)을 작성하시면 됩니다.

그 외에는 무겁지 않게 사기업 자기소개서와 같이 작성해 주세요.

5-7 소제목을 어떻게 제시할까?

소제목은 사실 심사자를 위한 서비스 품목이라는 생각을 해봅니다.

지원자의 특징을 장문을 읽지 않고도 단번에 알아볼 수 있도록 하는 방법이고 인사 담당자가 수많은 자기소개서 중에서 여러분의 자기소개서에 머물게 만드는 강력한 도구가 소제목이라 할 수 있습니다.

좀 더 냉정하게 이야기하면 소제목 위주로 보는 심사관이 있을 정도입니다. 그만큼 중요한 것이므로 소제목을 어떻게 제시할까에 대한 노하우를 안내해 드리겠습니다.

기본 원칙은 항목에서 요구하는 목표에 따라 소제목을 제시하여야 합니다. 예를 들면 성장 과정이라는 항목에서는 성장 과정에서 어떠한 인성과 가치관을 형성했는지에 대한 목표가 있으므로 소제목은,

"함께 살아간다는 의미를 가슴에 품은 소통 전문가"

"힘든 난관을 즐기는 긍정의 아이콘"

"사회적 기업가로서의 꿈을 향한 첫 항해를 시작하다"

"실패를 사랑하는 발명가"

나의 경쟁력을 표현해야 하는 항목이라면,

"창의적인 문제해결 능력을 보유한 신사업 전문가"

"고품격 CS를 실현하는 스마일 맨"

"탁월한 커뮤니케이션 스킬과 실무의 한계를 뛰어넘는 ○○○ 전문가"

목표를 향한 의지를 보여주어야 하는 항목이라면,

"세계 최고의 AI 전문가의 꿈을 품은 열정"

"미래의 금융 산업을 선도하는 디지털 뱅커로의 비상"

상기와 같이 항목에서 추구하는 목표와 Align 하게 제시할 수 있습니다.

여기에서 중요한 관점은 상기의 표현들보다는 좀 더 구체적인 방법 즉 추상적이지 않도록 하는 것이 더 효과적이라 할 수 있습니다.

성과 중심의 소제목이라면,

"마이너스 손익에서 20% 매출 성장을 6개월 만에 달성하다"처럼 정량적인 수치가 포함되는 것이 효과적이고

직무 중심의 소제목이라면,

"CPA 자격증에 2년간의 실무를 보유한 회계 전문가"

경험이 기반이 되는 소제목 항목이라면,

"두려운 영업 현장에서 영업의 정석을 안내하는 영업 전문가로의 성장"

상기와 같은 느낌으로 제시하면 되는데 당연한 이야기이지만 소제목과 본문 내용이 따로국밥이 되면 절대 안 됩니다.

자기소개서 첫 항목부터 따로국밥이라면 심사자의 지속된 검토를 받는 것은 어렵다고 봐야 합니다.

따라서 소제목은 첫 항목에서 가장 신중하게 작성하셔야 합니다.

추가로 주의해야 할 사항으로는 소제목이 길면 안 됩니다. 광고 문구처럼 짧지만 강력해야 합니다.

개인적으로 옛날 금성사의 광고 문구인 "한 번의 선택이 10년을 좌우합니다."와 같은 강력한 문구, 모 침대회사의 "침대는 과학입니다."와 같은 문구는 사람들의 뇌리에 평생에 강력한 색채로 남아 있게 되는데 이런 식으로 간결하지만, 강렬한 소제목을 제시하시는 것이 효과적입니다.

그리고 자소서도 글이라서 심사관의 호기심을 발동하여 본문의 내용을 읽게 만드는 소제목 제시도 효과적입니다.

예를 들면,

"보잘것없는 발명품에서 발명 대상까지 수상하다"

"단 한 번의 인연으로 내 인생의 목표가 ○○○으로 변경되다"

"홍보비 백만 원으로 매출 10억을 달성하다"

등과 같이 심사자가 뭐지? 하며 더 읽어보고 싶은 욕구를 자극하는 소제목도 매우 효과적인 방법입니다.

참고로 소제목 작성이 어렵다면 검색으로 본인에게 맞는 소제목을 찾는 것도 아주 좋은 방법입니다.

6장

핵심적인 결론과 가독성 있는 문장을 위한 문장 줄이기 방법

6장

핵심적인 결론과 가독성 있는 문장을 위한 문장 줄이기 방법

자기소개서는 한정된 글자 수에 맞추어 스토리 있게 작성해야 하고 무엇보다 글의 전달 즉 가독성이 우수해야 좋은 자기소개서로 심사위원의 눈에 반짝일 수가 있습니다.

가독성은 쉽게 말해서 어떤 사람이 전달하고자 하는 내용을 글로 표현했는데 이 글을 읽는 사람이 글 쓴 사람이 말하고자 하는 내용에 대한 이해하는 정도를 의미하는 것입니다.

가독성이 높으면 한 번만 읽어도 글의 내용이 잘 파악되지만, 가독성이 떨어지면 몇 번을 읽어도 이게 무슨 소리인지 알기 힘듭니다.

글의 전달력이 우수하다는 것은 군더더기 없는 문장 구성이 핵심이라 할 수 있고 이를 위해 문장을 함축적이고 중요사항 위주로 간결하게 구성해야 합니다.

그렇기 때문에 자기소개서를 쓸 때는 항상 가독성이라는 중요한 개념을 머릿속에 기억하고 작성해야 합니다.

예문을 통하여 가독성 있는 문장으로 첨삭해 보겠습니다.
첨삭 1과 첨삭 2의 차이점이 무엇인지 비교해 보세요.

📑 예문

저는 남에게 폐를 끼치거나 의지하는 것을 성격상 매우 싫어하여 항상 모든 일에 임할 때에 스스로가 문제를 발견하고 해결하려고 노력하는 편이어서 책임감이 강하고, 이 때문에 친구들로부터 신뢰감이 간다는 이야기를 많이 들었습니다.
또한 매사에 적극적이고 활동적이어서 사교성이 뛰어난 편이며, 새로운 환경에도 쉽게 적응해 왔습니다.

📑 첨삭 1

저는 타인에게 의지하거나 폐를 끼치는 것을 예방하기 위하여 자기 주도적 성향과 자기 완결적으로 일을 처리하므로 주변에서 책임감과 신뢰감이 우수하다는 평가를 주로 받고 있으며, 특유의 사교성과 활동적인 적극성으로 새로운 환경에 대한 두려움이 없습니다.

📑 첨삭 2

저의 업무 소신은 자기 주도적이고 자기 완결적으로 임해야 한다는 믿음으로 실천하고 있으며, 결과로 신뢰감과 책임감이 우수하다는 평가를 많이 받고 있으며, 다이내믹 팔로워의 성향으로 어느 곳에서나 잘 융화되는 것이 저만의 경쟁력이라 할 수 있습니다.

첨삭 1은 예문의 글을 함축적으로 줄이기 위하여 "자기 주도적" "자기 완결적"이란 표현으로 문장을 줄이는 동시에 글의 수준으로 제고하였으며 전체적으로 읽는 이가 지원자의 자신감과 어떤 사람인지에 대한 느낌이 Appeal 되도록 첨삭하였습니다.

첨삭 1 정도로 충분하지만, 글을 좀 더 가독성 있고 품격있게 다시 수정한다면 첨삭 2처럼 문장 구성을 부분 변경하고 자신의 업무에 대한 소신을 피력함으로 첨삭 1보다 더한 자신감과 신뢰감을 주었고 추가로 "다이내믹 팔로워"라는 용어로 지원자가 어떤 사람인지 스피드하게 나타낸 첨삭입니다.

어떤 첨삭이 좋은지는 여러분이 판단하시면 되시고 중요한 것은 문장을 군더더기 없이 작성해야 한다는 사실입니다.

이를 위해서 하기의 4가지 원칙을 제시하니 적용하여 작성하시면 훨씬 좋은 자기소개서가 될 것입니다.

문장 줄이기 원칙

- 반복되는 단어나 중복되는 내용은 없는가?
- 삭제해도 문맥 구성에 전혀 문제가 없는 문구는 없는가? (특히 접속어, 형용사, 조사 등)
- 긴 단어나 문구를 대체할 만한 짧은 단어나 문구 또는 전문용어는 없는가?
  ※ 경력사원 지원이라면 전문용어를 적극 사용하면 전문성 제고 효과 기대됨
- 문구 순서를 변경했을 때 의미가 더욱 강해지고 문맥이 더 자연스러워지는 부분은 없는가?

상기의 4가지 원칙은 초안 작성 후 반드시 하셔야 합격률이 상승합니다.

7장

전문용어 사용으로
합격률 올리기

전문용어 사용으로 합격률 올리기

자기소개서 작성 시 자신이 준비된 인재이고 전문가적 자격을 보유했다고 증명할 효과적인 방법이 있습니다.

작성 시에 회사에서 사용하는 전문 용어를 적절하게 사용하는 것인데 제가 첨삭을 하면서 매번 느끼지만, 합격으로 가게 하는 아주 중요한 원동력이라 하겠습니다.

특히 경력사원에 지원하는 경우라면 전문용어를 적극적으로 사용하면 자신의 전문성을 제고하기에 매우 효과적인 방법이고 또한 제한된 글자 수에서 말 줄이기 역할과 가독성 있는 문장으로 깔끔하게 보이게 하는 것에도 한몫하게 됩니다.

예를 들면 본인이 마케팅 부서에 지원한다면 최소한 전문용어 2~3개 정도는 표현하는 것이 효과적입니다.

📂 예문 - 일반적

저는 마케팅은 고객이 원하는 사항이 무엇인지 정확하게 분석하는 능력과 그에 맞는 상품 기획을 하는 능력이 우수하다는 평가를 받고 있습니다.

📂 예문 - 전문용어 사용

STP를 활용한 마케팅 전략 수립이 가능하고 특히 포지셔닝에서 고객의 마음 속에 경쟁상품과 구별되는 위치를 입체적으로 분석하는 노하우가 축적되어 있습니다.

당신이 평가자라면 누구를 선택할까요?

한마디로 위의 질문은 누가 더 전문가적 색채가 돋보이냐의 문제입니다.

추가로 예를 들어 HR 부서에 지원한다면,

📂 예문 - 일반적

저는 사람과의 소통과 사람과 관계를 맺는 것에 즐거움을 느끼는 성향으로 인사 부서에 지원하게 되었습니다. 채용이 된다면 HR에서 가장 기본인 정직하고 공정한 업무를 하도록 최선을 다하겠습니다.

정직과 공정을 가치로 HR의 주요 업무인 직무-채용-평가-보상-육성-조직문화에 대하여 관련 공부와 교육에도 열심히 참여하여 역량을 확보하였습니다. 채용이 된다면 기존 업무에 신속하게 적응하고 HRD 부분에서도 성과가 나도록 지속적인 역량 확장을 할 계획입니다.

상기와 같이 작성한다면 당신의 전문가적 역량이 더욱 제고될 것입니다.

자기소개서 작성 시 꼭 전문용어 사용으로 전문가적 느낌과 글의 가독성을 제고하세요. 단 과다한 전문용어 남발은 오히려 글의 흐름을 부자연스럽고 마치 보고서와 같은 느낌으로 나타날 수 있으니 충분히 고민하여 작성하시면 아주 멋진 자기소개서가 될 겁니다.

다음의 비즈니스 용어들은 회사에서 주로 사용하는 용어를 정리한 표입니다. 입사하게 된다면 중소기업, 대기업 할 것 없이 무조건 사용하는 용어이니 한번씩 살펴보세요.

사용 빈도가 제일 높은 용어는 3에서 1로 구분하여 표시하였고 용어란에 색이 들어간 용어는 자기소개서에 대입하여 사용하면 문장 구성에서 효과가 좋은 용어이니 자기소개서 작성 시 활용하시기를 바랍니다. 특히 진하게 색이 들어간 부분은 필수적으로 많이 사용되는 전문용어이니 반드시 외워주세요!

참고로 제가 회사에서 경험한 개인적 기준으로 구분하였습니다.

사용 빈도	용어	해설
2	공람	여러 사람이 봄. 또는 여러 사람이 보게 함
2	공문	공공기관이나 단체에서 공식적으로 작성한 문서
2	귀사	주로 메일이나 편지글에서 상대방의 회사를 높여 이르는 말
2	기안	①의사결정을 위해 작성하는 문서 ②사업이나 활동 계획의 초안
1	기재	문서에 기록하는 모든 행위
2	납기	고객에게 주문받은 물품이나 결과물을 가져다줘 야 하는 마감 기한
3	노티스(Notice)	공지하다, 알리다.
3	당기순이익	일정 회계기간 동안 발생한 전체 수익에서 비용 을 차감한 금액
1	대결	기존의 결재권자가 결재할 수 없을 때 그 직무를 대리하는 자가 결재하는 것
1	대외비	외부에 알리지 않기로 한 비밀의 모든 것
2	더블체크 (Double check)	오류가 없는지 재확인하는 것
3	데드라인 (Deadline)	마감기일 or 마감시간
1	도메인(Domain)	①비즈니스가 속한 산업 분야, 영역, 환경 전반을 일컫는 말 ②인터넷 주소(URL)의 일부
3	**램프업(Ramp up)**	생산 능력 등을 늘리다(생산 CAPA를 키우자)
3	러프(Rough)	거친, 대략적인 표현으로 사용하며 보통은 1차 초안을 말함(뼈대만 잡은 보고서)

3	레거시(Legacy)	현재까지 쓰이는 낡은 기존 시스템 또는 현재 체계에 영향을 미치는 과거의 시스템
2	레슨런(Lesson learned)	성공 또는 실패의 경험을 통해 교훈을 얻는 것
3	레퍼런스(Reference)	참고 자료
2	로우데이터 (Raw data)	가공하지 않은 원본 자료
2	룩앤필(Look & Feel)	제품의 겉모양이나 인터페이스 등 눈에 보이는 시각적 요소
2	리소스(Resource)	인력, 시간, 돈 등 업무에 투입되는 자원
3	리스트업(List up)	데이터를 목록화하는 것 (ex. 섭외 후보 리스트업해주세요)
2	린(Lean)	군살이 없는, 낭비 없이 효율적인 운영 방식을 가리킨다 (ex. 일단 린하게 실행부터 해봅시다)
2	릴리즈(Release)	발표, 배포, 출시
2	마이그레이션 (Migration)	데이터 등을 새로운 운영 체계로 옮겨가는 과정 (IT팀에서 주로 사용)
3	마일스톤(Milestone)	단기적 사업 목표(경영기획에서 많이 사용)
1	마켓(Market)	시장
3	**마켓쉐어/마켓셰어 (Market share)**	시장점유율
3	맨먼스(Man/Month)	한 사람이 한 달 동안 수행할 수 있는 작업량
1	미수금	아직 거둬들이지 못한 돈
3	바텀업(Bottom up)	실무자가 업무를 기획해 윗선에 보고하여 일을 진행하는 방식. 탑다운과 반대 개념

◆ ───────────────────────────── 무조건 붙는 자소서

3	분장(업무분장)	일이나 임무를 나누어 맡음 (ex. 팀원 업무분장을 새로 했습니다/R&R을 새로이 구성하다)
1	불출	돈이나 물품을 내줌. 주기적으로 지급되는 경우에 주로 사용된다
1	붙임	글에서 빠진 것이나 참고할 내용을 뒤에 덧붙여 적은 것
2	사일로(Silo)	팀끼리 벽을 치고 협력·소통하지 않는 상태
1	상신	윗사람에게 일에 대한 의견·상황을 말이나 글로 보고함
2	세금계산서	물건을 사고팔 때 부가가치세법에 따라 발행하는 영수증
2	소구	소비자의 구매욕을 자극하기 위해 상품의 특성이나 매력을 호소하는 것
1	소스(Source)	정보의 출처, 혹은 정보를 제공하는 사람이나 자료
3	소프트카피 (Soft copy)	종이로 출력하지 않은 디지털 형태의 문서
2	순연	차례로 기일을 늦춤 (ex. 투자금 미확보로 투자 계획을 순연하기로 했습니다)
3	스콥(Scope)	범위. 업무범위를 가리킬 때 '업무스콥'이라고 표현함
3	스크럼(Scrum)	팀 단위에서 주기적으로 업무를 계획해 짧은 기간 동안 작업을 수행하는 업무 방식, 또는 이러한 업무를 위한 회의
3	**스크리닝 (Screening)**	초기 단계에서 상품을 테스트해 선별하는 일

3	스탠스(Stance)	어떤 일에 대한 공개적인 입장, 태도
3	스프린트(Sprint)	단기간에 집중해 프로젝트를 완료하는 업무 방식
1	싱크(Sync)	작업끼리 수행 시기를 발맞추는 것 (ex. 싱크 맞춰서 진행해 주세요)
3	아삽 (ASAP, As Soon As Possible)	가급적 빨리 처리하는 분위기 조성
2	아웃풋(Output)	투입한 자원으로 결과물을 생산해내는 것. 혹은 그 결과
2	아이데이션(Ideation)	아이디어를 얻기 위해 행하는 모든 활동
3	어젠다 (Agenda)	회의 안건
1	안건	토의하거나 조사하여야 할 사실
2	애자일(Agile)	빠르고 유연하게 의사결정하고 변화에 민첩하게 대응하는 조직 운영 방식
3	액션 아이템 (Action Item)	실행 과제
3	어레인지(Arrange)	처리하다, 정리하다, 조율하다 (ex. 미팅 장소 어레인지 해주세요)
3	어사인(Assign)	업무를 배정하다, 맡기다
3	얼라인(Align)	(목표나 방향을) 일치시키다, 결을 맞추다
2	얼터너티브 (Alternative)	대안
2	영업이익	매출액에서 원가와 판매관리비용을 차감한 금액
2	영업일	업체가 실제로 문을 열고 영업을 하는 날 (ex. 5영업일 후 처리될 예정입니다)

무조건 붙는 자소서

3	온보딩 (On boarding)	조직에 잘 정착할 수 있도록 돕는 교육 과정
2	워크숍/워크샵 (Workshop)	공동 연수, 공동 수련
2	워킹데이 (Working day)	근무일. 대체로 평일을 가리킨다
2	워터폴(Waterfall)	정해진 단계에 따라 순차적으로 일을 진행하는 조직 운영 방식
2	이슈(Issue)	문제가 되는 일
1	익일	특정일의 바로 다음 날 ≠내일 (전일 – 당일 – 익일)
3	인벌브/인볼브 (Involve)	참여하다, 관여하다 (ex. 이 프로젝트에는 누가 인볼브 되어 있나요?)
3	인보이스(Invoice)	청구서, 명세서
2	인비	①인사에 관계된 비밀, 혹은 그런 서류 ②초대하다. Invitation의 준말 (ex. 미팅 일정 확정시 인비 드리겠습니다)
3	인사이트(Insight)	통찰력. 사물이나 현상의 본질을 꿰뚫는 것
2	인폼(Inform)	정보를 알리다
2	인풋(Input)	생산 자원이나 정보를 투입하는 것
1	작일	'어제'와 같은 말(작일 – 금일 – 명일)
1	재가	안건을 결재하여 허가함
1	재무제표	기업의 재무상태 파악을 위해 회계 원칙에 근거 하여 작성한 보고서
2	전결	권한을 위임받은 사람이 대신 결재하는 것

1	전표	거래 증거 자료를 보존하기 위해 거래내용을 요약해 기록한 표
3	제고	수준이나 정도를 끌어올림 (ex. 브랜드 이미지를 제고하다)
2	지결(지출결의)	회사의 돈을 써야 할 때 그 내역을 검토하고 결정하는 일. 지출결의서는 비용 지출에 대한 승인을 요청할 때 작성하는 문서를 가리킨다
1	커피챗 (Coffee chat)	커피를 마시며 캐주얼하게 이야기 나누는 미팅
2	컨선(Concern)	우려
3	컨퍼런스 (Conference)	특정 주제에 관해 사람들이 모여 토론하는 대규모 회의나 모임
3	컨퍼런스콜/컨콜 (Conference call)	3인 이상이 전화로 진행하는 회의 (주로 본사와 지역 지사들 간에 회의 시 사용)
2	컨펌(Confirm)	승인하다, 확인하다
2	컬쳐덱 (Culture deck)	조직문화를 문서화한 자료
2	컷오프(Cut off)	주로 물류업계에서 화물 반입 마감 시간을 가리킨다
2	케이스스터디 (Case study)	사례 조사, 사례 연구
3	케파(Capacity)	능력, 역량. 주로 생산 가능한 최대치를 표현할 때 사용한다
2	크로스체크 (Cross check)	여러 명의 관점으로 정보나 문서를 검사하는 것

3	킥오프(Kick off)	시작하다, 착수하다. 프로젝트를 시작하면서 갖는 첫 미팅을 '킥오프 미팅'이라 칭한다
1	타깃(Target)	대상, 목표
2	타운홀미팅 (Town hall meeting)	전 직원이 모여 의견을 주고받는 회의
3	탑다운(Top down)	상사가 부하에게 업무를 지시하는 방식. 바텀업과 반대 개념
2	태스크(Task)	과업. 꼭 해야 할 일이나 임무
1	토스(Toss)	전달하다, 상대에게 넘기다
2	톤앤매너 (Tone & Manner)	분위기나 어조, 태도 등 기업과 브랜드의 정체성을 나타내는 요소
2	트래픽(Traffic)	특정 사이트 등의 접속/이용량
3	팔로업/팔로우업 (F/U, Follow up)	후속조치, 사후점검 (ex. 제품 출시 후 이상 없는지 계속 팔로업 해주세요)
2	페르소나 (Persona)	고객(타깃)을 구체화한 것 (ex. 우리의 페르소나는 쇼핑을 자주 하는 20~30대 여성입니다)
3	펜딩(Pending)	결정되지 않고 보류 중인 상태
3	포워드(F/W, Forward)	전달하다, 주로 메일을 다른 사람에게 전달할 때 사용함
1	품의	상사에게 말이나 글로 여쭈어 의논함
3	**프레임워크 (Framework)**	어떤 일에 대한 판단·결정을 위한 TOOL
3	피드백(F/B, Feedback)	작업한 일의 결과에 대해 평가나 의견, 조언을 주는 것

3	피봇팅(Pivoting)	사업체는 그대로 유지한 채 사업의 방향을 바꾸는 것
2	피저빌리티 (Feasibility)	실현가능성
3	픽스(Fix)	확정
3	하드카피 (Hard copy)	문서를 인쇄물로 출력한 것
2	홀딩(Holding)	일시 중지
3	회람	글이나 문서를 여러 사람이 차례로 돌려 봄
2	회신	편지나 전화 등으로 답변함
2	AOB (Any Other Business)	의제 외 기타사항
3	**As-is**	현재 상태. 주로 실행 전/후 차이를 보여주어야 하는 보고서에서 To-be와 함께 사용한다.
3	BCC (Blind Carbon Copy)	숨은 참조. 수신자에게 보이지 않게 메일 참조를 걸고 싶을 때 사용한다
3	**BEP (Break Even Point)**	손익분기점. 일정 기간 동안의 총 비용과 총 수익이 동일한 지점
3	BM (Business Model)	비즈니스 모델. 기업의 총체적인 사업 아이디어
3	BP(Best Practice)	산업별로 가장 잘하고 있는 사업 방식, 모범 경영 사례
3	CC(Carbon Copy)	참조. 메일을 받는 주된 수신인은 아니지만, 업무상 메일 참조가 필요한 수신자에게 보내는 기능
3	Comm. (Communication)	커뮤니케이션, 의사소통

◆ ⸻⸻⸻⸻⸻⸻ 무조건 붙는 자소서

3	CRM(Customer Relationship Management)	고객과의 관계 관리를 통해 장기 충성고객을 확보하는 마케팅
3	DB(Database)	여러 사람이 공유해 사용할 목적으로 통합 관리되는 데이터의 집합
2	e.g.	예를 들어 (라틴어 exempli gratia를 줄인 것. for example로 읽음)
2	EOB(End Of Business)	업무 종료 시각
2	EOD(End Of Documents)	문서의 끝
2	EOM(End Of message)	메일 제목이 곧 내용
2	FYI(For Your Information)	참고하세요
2	FYR(For Your Reference)	참고하세요(FYI보다 덜 중요할 때 사용)
2	H(Half of the year)	반기(ex. 1H-상반기, 2H-하반기)
3	HR(Human Resources)	인적자원(인사)에 관련된 일
3	KPI(Key Performance Indicator)	핵심 성과 지표. 목표를 이루기 위해 달성해야 하는 지표
3	KFS(Key Factors Success)	핵심 성공 요인

3	MECE(Mutually Exclusive Collectively Exhaustive)	내용이 서로 중복되지 않으면서 누락되지 않게 정리하는 것
3	MoM(Month over Month)	전월 대비 증감률
3	MVP(Minimum Viable Pruduct)	시장의 피드백을 받기 위해 최소한의 핵심기능만으로 구현한 테스트 제품
3	N/A(Not Applicable)	해당사항 없음
3	NDA(Non Disclosure Agreement)	비밀유지계약서
3	OJT(On the Job Training)	직장 내 교육 훈련
3	OKR(Objectives and Key Results)	조직의 이상적인 목표를 수립하고 이를 달성했다고 말할 수 있는 핵심 성과 지표를 설정하는 조직 관리 방식
3	PM(Product/Project Manager)	제품 또는 프로젝트의 관리자
3	PO (Product Owner)	제품의 전반을 책임지는 디렉터이자 리더. 대체로 PM보다 더 많은 역할과 책임이 부여됨
3	Q (Quarter of the year)	분기(ex. 1Q-1분기, 2Q-2분기)
3	QoQ (Quarter over Quarter)	전분기 대비 증감률
3	R&R (Roles & Responsibilities)	역할과 책임 (ex. R&R이 불명확해서 업무 누락이 발생하네요)

3	ROAS(Return On Advertising Spend)	광고비용 대비 매출. 광고 매출 ÷ 광고비 × 100
3	**ROI(Return On Investment)**	투자 대비 이익률. 이익 ÷ 투자액 × 100
3	T/O(Table of Organization)	조직 편성도. 주로 조직에 자리가 비었을 때 'T/O가 났다'고 표현함
3	TBA(To Be Announced)	추후에 공고함
3	TBD(To Be Determined)	추후에 결정함
3	TF(Task Force)	특정 프로젝트를 위해 임시로 조직된 팀. TFT(Task Force Team)라고도 쓴다
3	**To-be**	추후 개선안. 주로 실행 전/후 차이를 보여주어야 하는 보고서에서 As-is와 함께 사용한다.
3	**VoC(Voice of Customer)**	고객의 소리
3	VP (Value Proposition)	핵심 가치
3	YoY (Year over Year)	전년 대비 증감률

8장

자기소개서 완성 후
반드시 해야 할 1시간
딴짓하기

8장

자기소개서 완성 후 반드시 해야 할 1시간 딴짓하기

자기소개서 초안을 완성했다면 가장 먼저 할 일은 자기소개서와 관련된 모든 생각과 행동을 멈추는 것입니다.

사람의 뇌는 뭔가에 몰입해 있으면 시야가 좁아지는 특성이 있습니다. 즉 너무 골몰해 작성하다 보면 이상한 부분이 맞는 것처럼 느껴지고 문장의 부자연스러운 부분이 자연스럽게 읽히는 등 정확한 판단이 어려워집니다. 제가 정확한 과학적 근거를 말씀드릴 수는 없으나 실행해 보신다면 합격에 더욱 가까워진다는 사실을 저의 경험적 근거에 의하여 당부드립니다.

독자분들은 바쁜데 뭐 이런 이야기냐? 하시겠지만 의외로 매우 효과적인 방법입니다. 문장의 가독성을 높이고 문구의 애매모호한 부분을 수정하는 방법 중에 최고이고, 저 또한 자기소개서 첨삭을 완성하고 반드시 하는 행동입니다.

멈춤의 시간은 1시간이면 충분하니 아무 생각 없이 다른 일에 몰두

하고 있다가 전체적으로 다시 한번 읽어보면 문맥이 부드럽지 않은 부분과 어순이 어색하여 의미가 명확하지 않은 문장, 다른 용어를 사용하면 어떨까? 하는 생각, 필요 없거나 삭제해야 할 문장이나 단어 표현들이 반드시 보이게 됩니다.

이런 부분들에 대한 수정 작업을 번거롭더라도 우선적으로 하셔야 합니다. 단 검토 단계에서 읽을 때는 특히 내가 평가자라는 Mind로 하셔야 합니다. 이 작업이 마무리되면 자기소개서는 군더더기 없는 간결성과 가독성이 우수한 자기소개서로 최종 완성되게 됩니다.

📑 **예문**

초안: 여러 번의 크라우드 펀딩 진행과 2차례 쇼핑몰을 운영한 경험을 통해 온라인 쇼핑몰을 성공으로 유도하는 핵심 성공 요인은 제가 직접 경험한 결과를 통하여 우수한 품질은 제품에 하자가 없는 것이라는 것을 깨달았습니다.

📑 **첨삭**

3차례의 크라우드 펀딩 진행과 2차례 쇼핑몰을 운영한 경험으로 온라인 쇼핑몰의 KFS는 품질 경쟁력만이 시장을 리더하고 지배한다는 중요한 가치를 체득하였습니다.

여러 번의 〉 정확한 횟수로 표현하여 신뢰도를 제고하는 것이 맞습니다.

온라인 쇼핑몰을 성공으로 유도하는 핵심 성공 요인은 〉 KFS라는 전문용어로 대체함으로 문장의 가독성이 제고되었고 덤으로 지원자의 인상이 업그레이드되었습니다.

핵심 성공 요인은 제가 직접 경험한 결과를 통하여 제품의 하자 없는 우수한 품질이라는 것을 깨달았습니다. 〉 동일한 내용의 문장이 늘어지는 느낌인데 삭제와 어순 변경, 용어 변경으로 문장의 구성이 간결해졌고 의미 전달은 더욱 명확해졌습니다.

이렇게 잠시 멈추고 다시 평가자의 관점에서 재검토하게 되면 숨어 있는 어색한 부분이나 잘못된 부분이 보이게 됩니다.

한 번 더 예문으로 첨삭해 보겠습니다.

예문

초안: 기업에서 시장이 원하는 홍보활동을 진행했지만, 제품에서 발생하는 여러 가지의 품질 문제가 누적되어 결국은 소비자들로부터 외면당하는 브랜드들 가운데에서 우수한 제품 제조 역량을 통해 경쟁이 치열한 패션과 생활 인테리어 시장에서 브랜드를 안착시킨 ○○○○에 관심을 가지게 되어 지원하게 되었습니다.

📑 첨삭

여러 기업에서 마케팅 캠페인을 진행하였지만, 대부분이 품질 이슈로 외면당한 브랜드 중에서 유일하게 경쟁이 치열한 패션과 생활 인테리어 시장에서 선두적 브랜드로 Soft Landing 한 ○○○○의 마케팅 철학에 유도되어 지원하였습니다.

첨삭을 어떻게 했는지 상세하게 문장을 분석해 보시면 잘 알 수 있지만 초안의 문장은 뭔가 이해를 하기에는 어색한 부분이 있어 의미의 전달을 위해 재구성하였고 계속 늘어지는 느낌이므로 반복 느낌을 주는 문구를 제거하여 가독성 있는 문장으로 첨삭했습니다.

여기에서 예문에 있는 "우수한 제품 제조 역량을 통해"라는 문구는 "선두적 브랜드로 Soft Landing" 하였다는 표현에 녹아져 있으므로 삭제해도 무방합니다. 문맥 구성에서 핵심은 치열한 시장에서 살아남았다는 것이지 무엇 때문에 살아남았다는 구체성을 요구하는 문장은 아닌 것입니다. 물론 상기의 문구를 사용하지 못하는 것은 아닙니다.

9장

AI 자기소개서 믿어도 될까?

AI 자기소개서 믿어도 될까?

최근에 AI 열풍이 거세지며 거의 모든 생활 현장에 적용이 되고 있습니다. 자기소개서도 챗GPT나 생성형 AI가 작성해 주는 시대가 도래하였습니다.

얼마 전까지 취준생들도 자기소개서를 편하게 작성하고자 활용하는 사례가 증가했었는데 최근에는 점차 줄어드는 추세입니다.

저 또한 자기소개서 관련 강의를 하면서 많이 듣는 질문 중 하나가 "AI 자기소개서 믿어도 될까?"입니다.

결론적으로 말씀드리면 AI가 작성해주는 자기소개서를 믿으면 낭패볼 수 있다고 말씀드리고 싶습니다.

그럼, 왜일까요?

먼저 AI 자기소개서 작성 원리를 간단하게 설명해 드리겠습니다. 기존에 축적된 데이터에서 시나리오를 만들어 조합이라는 알고리즘을 사용하는 구조로 자기소개서를 생성하게 되는데, 이에 따라 어휘가 한정되는 치명적 문제가 있으며 또한 개인별 특성에 맞는 문장이 만들어지는 것이 아니라 다수에게 동일한 문장이 중복되어 제공되는 경우가 많이 발생하는 것이 문제입니다.

예를 들어 어느 기업에 지원자 100명이 자기소개서를 AI를 활용하여 작성하였다면 유사하거나 거의 동일한 문장이 반드시 나오게 되며, 이는 담당자의 눈에 선명하게 인식될 것입니다.

그리고 결정적으로 챗GPT Killer로 AI 자기소개서를 걸러내는 기업이 확대되고 있으므로 서류 자체가 불합격되는 것은 물론 블랙리스트로 자동 저장되어 향후에도 불이익을 당할 수 있습니다.

최근에는 중복되는 문장이나 특별한 표현 그리고 아주 짧은 특징적 어휘들도 의심 형태로 구분이 되기에 AI 자기소개서는 사용하지 않는 것이 원칙이라고 생각하며, AI의 성능이 진화되어 이를 해결하고자 하여도 이를 적발하는 AI 솔루션 역시 동일하게 기술적 진화를 한다는 사실을 염두에 두시기를 바랍니다.

진학이나 취업을 위해 작성하는 중요한 자기소개서가 어렵다, 번거롭다는 이유로 AI를 사용하게 되면 그에 따른 결과는 적발 가능성이 높을 뿐입니다.

참고로 대기업이나 공기업에서 채용담당자가 자기소개서 심사 업무를 하다 보면 AI Killer보다 더 확실하게 분별하는 능력이 심사 과정에서 생기게 되므로 지원자가 지원사에 맞게 정성스럽게 작성하는 것이 답이라고 말씀드리고 싶습니다.

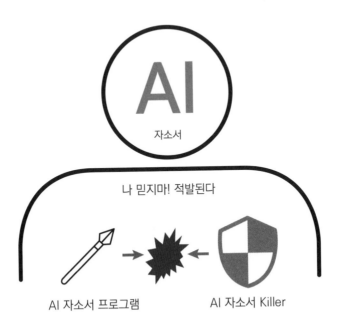

AI 자소서 취약점

나 믿지마! 적발된다

AI 자소서 프로그램　　　　AI 자소서 Killer

기술의 진화는 창과 방패 모두 된다

10장

지원 부서별 업무분석 및 필요역량

지원 부서별 업무분석 및 필요역량

지원할 때 무조건 잘하겠다고 열심히 하겠다고는 할 수는 없습니다.

구체적으로 내가 지원하는 부서의 업무가 무엇인지 파악하고 그에 따른 필요역량을 Appeal 해야 평가자의 결정을 유도할 수 있는 것입니다.

기본적인 부서별 업무가 무엇인지 정리해 드리니 참고하시고, 업무에 따른 필요역량은 대부분 채용공고에 기본 역량과 우대 사항에 대한 요구 사항이 표시되니 참고하여 작성하시면 됩니다.

[기획팀(전략기획팀, 사업 전략실, 경영기획팀 등)]

회사 경영의 전체적인 로드맵을 기획하며, 사업 부서별 종합적인 경영지표를 입체적으로 관리하는 업무를 담당하는 것이 일반적입니다. 중장기 계획, 연간 계획 등을 통하여 사업부별 성장 계획과 매출액 목표 대비 달성도를 평가하고 기획합니다.

최고 경영진 그룹에 속하여 일을 하게 되며, 회의마다 회의 자료를 만들고 조직개편의 구조도 기획하게 됩니다.

참고로 회사의 브레인들이 많이 가는 곳이기도 하고 기본 승진이나 임원 승진도 빠르게 되는 부서이기도 합니다.

기획 직무에 도전하기 위해서 Appeal 해야 하는 역량으로는 대부분이 문서 작업이므로 파워포인트나 워드가 기본이 되는 문서 작성 능력과 시장 상황을 파악할 수 있는 경영 및 경제 지식이 요구됩니다.

더불어 회사의 전체적인 경영을 기획하는 부서이므로 부서별 경영 전반을 이해하기 위한 회계, 재무 지식이 필요하며, 이성적인 분석 능력과 전략적 사고를 드러낼 만한 사례나 포트폴리오를 제시하는 것이 필요합니다. 특히 엑셀을 잘하면 기획에서 정량적 수치화를 하는 데 상당한 도움이 되므로 엑셀 활용 능력도 필수 역량이라 할 수 있습니다.

기획 부서는 폭넓은 업무 범위를 가지고 있는데 전사를 기획하는 일뿐만 아니라 상품, 서비스에 대한 기획, 기술에 대한 기획 등 다양한 부문에서 기획이 진행되며, 보통의 팀 명칭은 '사업기획팀', '전략기획팀', '경영기획팀', '상품기획팀(or 마케팅 기획팀)', '영업기획팀', '기획조정실' 등으로 불립니다.

[영업(영업 지원, 관리)]

한마디로 영업은 자사의 제품이나 서비스를 팔기 위한 '직접 및 제반 활동'을 하는 직무를 말합니다.

목적은 '많이 팔아서(매출) 최대한의 이윤(마진)'을 가져오는 것입니다.

일반적으로 영업직에 대한 인식이 을의 입장이라서 힘들다고 많이 기피하지만, 대기업, 중견기업의 영업직은 기존 비즈니스 파트너사와 하청업체와 같은 거래처들을 지속적으로 관리하는 업무로, 영업이지만 발로 뛰는 영업이 아니고 찾아오는 고객을 응대하는 수준의 영업이라고 할 수 있습니다.

하지만 반대로 회사의 규모가 작거나 특정 업종에서의 영업은 발에 땀이 나는 힘든 일이 대부분입니다. 모르는 고객을 찾아가서 상품을 소개 및 판매하고 서비스를 하는 것이므로 솔직히 너무 힘든 직무이기도 합니다.

대표적으로 보험영업이나 중소기업에서 제작한 물건 판매나 유무선 통신 서비스 상품영업 등이 있습니다.

회사 내에서 영업부서는 모든 경영의 포커스가 집중되는 부서입니다. 아무리 좋은 제품과 서비스를 만들어 내고 뛰어난 마케팅을 한다고 해도 그것을 실제로 판매하는 영업이 없다면 기업은 어떠한 이윤도 남길 수 없기 때문에 영업직군의 직원들은 실적만 많다면 어느 누구 심지어 대표이사도 터치를 못할 정도로 실적이 좋은 직원은 최고의 대우를 받는 것이 일반적입니다.

실적이 좋다는 것은 정량적으로 정확하게 드러나는 매출액으로 영업의 성과를 나타내기에 어떻게 보면 가장 객관적으로 능력을 평가받을 수 있습니다. 현직자들이 흔히 하는 말인 '영업은 숫자'라는 말이 과언이 아닙니다. 실제로 사내 보고를 하면 결정권자들의 시선은 숫자에만 집중하게 됩니다.

매출액만 잘 나오면 본사에서 서류작업 하는 것도 싫고 관리직으로 승진시켜 주는 것도 싫다며 현장에서 영업하는 게 더 편하다는 사람도 있는 반면 매출액이 잘 안 나오면 아침부터 저녁까지 계속 갈굼 당하고 퇴사 압력을 받으면서 하루 종일 보내게 되는 직무입니다.

영업의 종류로는 먼저 일반인 소비자 대상 B2C 영업(Business To

Customer)이 있습니다. 구매자가 소비자/소매점이고, 발로 뛰는 영업이 주로 이루어지므로 전문가, 중간 유통망을 상대하는 B2C보다 힘들지만, 보험판매원처럼 성과에 따라서는 20대에 억대 연봉을 받을 수 있는 길도 있으며 집 근처 구멍가게부터 백화점까지 소비자와 직접 거래한다고 생각하면 됩니다.

은행, 보험 등의 업계에 입사하면 지인들에게 이것저것 팔라고 권유하는 스트레스가 심각해서 퇴사하는 경우가 대부분입니다.

B2C 영업의 예시를 들어보면 다음과 같습니다.

• 의류 판매: 자신에게 맞는 사이즈와 스타일을 고려하여 의류를 구매하며, 이를 위해 많은 의류 브랜드가 온라인 쇼핑몰을 운영.

• 식품 배달 서비스: 집에서 간편하게 음식이나 식품을 주문할 수 있음.

• 전자제품 판매: 기능과 가격을 비교하여 자신에게 맞는 스마트폰, 태블릿, 컴퓨터 등의 전자제품을 구매.

• 여행 상품 판매: 여행사들이 온라인 쇼핑몰을 운영하여 소비자들은 자신에게 맞는 여행 상품을 선택하고 구매할 수 있게 함.

• 스포츠용품 판매: 다양한 스포츠 브랜드에서 스포츠용품, 의류 등을 판매함.

이 외에도, 화장품, 음반, 서적 등 다양한 제품들이 B2C 영업 통해 판매되고 있습니다.

기업 대상 B2B 영업(Business To Business)은 구매자가 기업이라 기업 간의 제품이나 서비스를 판매하는 것을 의미합니다. 즉, 기업이 다른 기업을 대상으로 제품이나 서비스를 판매하는 것이고, B2B 영업에서는 다양한 이해관계자를 상대하게 되며, 그로 인해 의사결정 과정도 복잡하고 시간이 오래 걸립니다.

기업의 필요에 맞게 맞춤형 제안을 준비하고, 여러 이해관계자와 신뢰를 쌓고, 가격 협상을 하는 등 영업 활동에 필요한 전문적인 지식과 커뮤니케이션이 중요합니다.

또한 단순히 제품을 판매하고 끝나는 것이 아닌 장기적인 관점에서 고객 관계 관리가 매우 중요합니다. 체계적인 고객 관계 관리를 통해 재계약, 업셀링이나 크로스 셀링 등 추가 매출을 발생시킬 수 있습니다.

이러한 고객 관계 관리를 위해 필수적으로 활용되는 B2B SaaS 제품으로는 CRM(Customer Relationship Management) 툴이 있는데 최근에는 대기업을 중심으로 알고리즘을 활용한 CRM 솔루션이 정착화되고 있습니다.

B2B 영업의 예시를 들어보면 다음과 같습니다.

- 기업용 소프트웨어 판매(B2B SaaS): 업무에 필요한 소프트웨어를 구매하여 업무 효율을 높일 수 있도록 도와줌.
- 산업용 기계 판매: 대규모 산업 시설에서 사용하는 기계는 매우 비싸고, 대량의 주문이 이루어짐.
- 물류 및 운송 서비스: 제품을 생산하고 배송하기 위한 기업 간의 물류 및 운송 서비스.
- 광고 대행사: 광고 대행사를 통해 마케팅 전략을 수립 및 광고 진행.
- 컨설팅 서비스: 경영 전략 수립, 인사 관리, 재무 분석 등 다양한 분야의 컨설팅 서비스.

이 외에도 건설업, 금융업, 보험업 등 다양한 종류의 B2B 영업이 있습니다.

참고로 정부를 대상으로 하는 B2G(Business To Government) 영업도 있는데, 공무원을 대상으로 하는 영업이라 피곤은 해도 일은 깔끔한 편입니다.

영업 지원은 기업의 영업 생산성이 지속적으로 증가할 수 있도록 지원하는 역할이며 주로 현장 영업을 회사 내부에서 지원하는 다양한 내부 행정을 중심으로 업무가 진행됩니다.

영업 관리는 기업의 영업 생산성을 증대할 목적으로 현장 영업 활동에 관련된 실적 관리, 전산 지원, 서류 지원, 통계, 결산, 실적 관리 등의 업무를 수행하게 됩니다.

규모가 작은 회사는 영업 관리 업무를 별도의 부서로 두지 않고 경영지원이나 기획팀에서 처리하는 경우가 많습니다.

결론적으로 영업에서 중요한 핵심은 고객 유형에 따라 영업 전략을 세우는 것이 중요합니다. B2B 영업과 B2C 영업은 서로 다른 고객을 상대하기 때문에 그에 맞는 적절한 영업 전략을 세우는 것이 중요합니다. 적절한 전략을 선택하여 고객 관계 관리와 매출 성장을 이루어내는 것이 B2B 영업과 B2C 영업의 목표입니다.

자기소개서에 작성할 필수 역량으로는 정보수집에 관한 발굴이나 관리 능력, 협상력, 결과에 대한 개선이나 책임감, 업무처리의 신속성, IT 활용 능력(특히 엑셀은 기본), 고객의 Needs와 해결점을 파악하는 능력, 입체적인 손익 관리 능력, 자사 상품이나 서비스에 대한 전문 지식이나 시장동향이나 Trend 민감성 등이 있습니다.

영업직 모집은 대기업, 중소기업 할 것 없이 채용이 항상 진행되고 인원도 많이 뽑는 분야라 구체적으로 설명을 해드렸습니다.

[재무, 회계, 자금]

조직의 경영 목표를 달성하기 위해 전사의 매출 관리와 지출을 총괄하는 업무를 수행하며, 회계기준서 및 각종 법령에 적합한 회계처리를 통하여 대내외 정보 이용자들에게 경영에 필요한 자료를 제공 지원합니다.

또한 세무 당국의 조세정책 변화에 맞추어 각종 세법과 처리 규정 등을 검토하여 세무신고 및 납부 업무를 수행하고, 전 사업 부서의 재정 운영을 관리 감독(감사) & 가이드하고 모든 재정 정책을 경영기획팀과 협업하여 수립하게 됩니다.

세부적으로는 월별, 분기별 경영관리 보고서를 작성하고 내부 관계자들의 경영계획 수립, 의사결정 지원과 기업의 경영실적 및 재무 상태에 대한 회계정보를 생성 분석하고, 각종 데이터를 기반으로 재무제표를 작성합니다. (회계자료 처리, 자금 관리 및 조달, 세금 신고 및 납부)

이 분야 자격증으로는 CPA(공인회계사), CTA(세무사), 전산회계운용사 1~3급, 전산세무회계 1~2급, 전산세무 1~2급, 세무회계 1~3급, 재경관리사, 회계관리 1~2급, ERP 회계정보관리사 1~2급, 자산관리사(FP), 손해사정사 등의 자격증이 있는데 CPA 자격증이 있다면 쉽게 취업이 됩니다.

핵심 역량은 회계 분야 전문 지식, 숫자를 다루는 만큼 꼼꼼함과 세심함, 데이터 분석 능력과 더존 ERP 프로그램 사용 능력이 우선시됩니다.

[총무]

사내 비정형적인 지원 업무를 담당한다고 할 수 있습니다. 한마디로 뚜렷하게 특정할 수 없기에 업무 범위도 광활하고 조직 구성에 따라서 맡는 업무도 다양합니다. 즉 어떤 회사(or 기관)이냐에 따라 맡는 업무가

무조건 붙는 자소서

다 다른 것이 특징입니다.

가령 인사 업무를 예로 들자면, 대기업은 인사 업무를 세분화하여 채용, 교육(인력개발), 노무 등등이 별개의 팀으로 있지만 규모가 작아짐에 따라 인사팀에서 하기도, 인사+총무를 합쳐서 인사총무팀, 혹은 여기에 재무를 위시한 온갖 경영지원 기능을 모두 수행하고 어떤 경우는 경영지원팀으로 굴리는 경우도 있는데, 이렇게 조직 구성이 변화하는 도중에 별도의 부서로 배정되지 않은 모든 업무는 총무 부서의 업무가 된다고 할 수 있습니다.

좀 더 상세한 설명을 해드리면 기획, 인사(+노무, 교육), 재무(+경리, 회계), 구매 및 계약, 환경안전, 법무, 홍보, IT 전산직, 비서 등은 별도의 부서가 없으면 총무 부서에서 하고, 특히 작은 회사라면 법무/구매 정도는 총무 부서에 포함될 가능성이 높습니다.

타 업무에 대해서도 대강은 알아야 하므로 보통 사무직 경력직이 담당하는 경우가 많습니다.

대기업, 중견기업이 아닌 중소기업에서 신입사원으로 총무를 뽑는다면 그건 거의 반 사무직, 반 잡부로 부리기 위한 것이거나 영업직을 뽑는 것일 수 있습니다.

일반적으로 총무가 할 수 있는 일들을 나열해 보면 다음과 같습니다.

• 자산/비품 관리

총무의 가장 주된 업무가 자산과 비품을 관리하는 업무입니다. 유형/무형 자산의 취득, 처분, 매각 등을 관리하는 업무를 수행합니다.

• 시설 관리

시설 관리는 전기, 통신/네트워크, 인테리어, 레이아웃, 조직개편 등이 시설 관리 업무에 포함되는데 사업장의 공사 및 유지 보수와 관련된 업무를 수행합니다.

• 보안 관리

　CCTV, 출입증 등 사업장의 보완과 관련된 업무를 수행합니다.

• 업무 지원

　회사마다 상이하지만, 임직원의 업무를 지원합니다.

• 복리후생

　임직원 업무 지원과 마찬가지로 회사마다 상이하며, 임직원의 복리후생을 관리합니다.

• 영업비 정산

　총무가 사용하는 영업비 SAP, 더존 등을 정산합니다.

• 계약 관리

　임대차 계약 관리 또한 총무 업무에 포함되는데요. 임직원의 숙소 및 소유하고 있는 부동산에 대한 임대차 계약을 관리하기도 하고, 영업비 업체와의 계약 또한 관리합니다.

• 행사/의전

　사업장 내에 행사 개최 시 행사와 임원의 의전과 관련된 업무를 수행합니다.

　◆ ───────────────────

• 산업 안전보건

500인 미만의 사업장일 경우 보건관리자와 안전관리자의 업무를 총무가 주력이나 보조로 수행합니다.

참고로 제가 재직한 회사에서는 휴양소 선정 및 관리, 사원증, 달력, 다이어리 등 각종 사무용품 제공, 법인 차(임원 차) 구매 및 관리, 교육시설 관리, 모든 사내 행사 진행 등을 담당했었습니다. 즉 전문적인 분야라기보다는 업무를 고르게 이해하는 능력이 요구되는 부서입니다.

가장 필요한 역량은 엑셀에 능통하고 대내외 활동이 많은 만큼 원활한 소통력과 조직 분석 능력이 요구되지만, 사실 총무팀은 직무의 범위가 넓어서 특별한 역량보다는 모든 역량이 우수하게는 아니라도 평균 수준으로 갖추어져 있으면 됩니다.

[인사(인사팀, 인력팀, 인재개발팀, 인사총무팀, HR팀)]

회사의 주요 자원인 '사람'에 대한 모든 일을 담당하는 직무라고 보면 됩니다.

채용 업무뿐만 아니라 직원의 교육, 평가, 보상, 퇴직, 조직문화 형성 등 꽤나 다양한 업무에 발을 걸치고 있으며, 채용된 인원들의 운영을 포함하여 회사 구성원들의 업무 능력을 평가하고 성과급 등으로 평가 및 보상하는 일을 합니다. 또한 노조나 노사협의회와 같은 노무 관련 일과 조직문화와 관련된 업무도 담당합니다.

인사 업무는 크게 HRM(Human Resource Management)과 HRD (Human Resource Development)로 나눌 수 있습니다. 일반적으로 HRM의 경우 인력의 관리와 관련된 업무, HRD의 경우 인력의 교육과 관련된 업무를 주로 담당합니다.

HRM과 HRD는 서로 독립된 업무가 아니며, 서로 보완 발전하는 관계에 있는 업무이므로 각 부서의 원활한 소통과 협업 능력이 요구됩니다.

인사 직무는 아무래도 사람을 대하는 일이다 보니 구성원들의 심리를 이해하는 능력과 동시에 회사의 상황에 따라 적절한 보상을 줄 수 있는 이성적인 능력이 요구되고, 사업 부서별 어떤 일을 하고 있는지 각 부서 업무에 대한 대략적인 지식도 필요합니다.

참고로 인사 직무는 문과 취업생들이 많이들 희망하는 직무이고, 타 부서들보다 업무량이 많은 편이므로 각오하고 입사를 해야 합니다.

[구매]

구매 업무는 제조, 개발, 품질과 관련된 산업이 주력인 기업들에서 많이 필요로 하는 직무입니다.

쉽게 표현하면 핵심 자재나 부품의 수량을 파악하고, 거래선을 발굴하여 구매 및 확보하는 업무를 뜻합니다. 제조 단계에서 개발, 품질 부서의 업무를 지원하고 제품의 원가경쟁력을 확보하여, 경영활동 전반에 가치 창출을 이뤄내는 업무로 구매 원가 절감과 구매 업무 프로세스를 활용하는 업무를 담당합니다.

세부적으로는 전략 수립 및 기획업무로, 과거 구매 실적을 바탕으로 중장기적 구매 전략을 수립하고 조정합니다. 연간 계획과 월별·분기별 수정 계획 수립을 통해 구매 프로세스 KPI(납기 준수, 원가 절감, 협력사 관계 등)를 달성하기 위한 전략을 계획해야 하고, 구매 거래선 발굴로 신규 거래처나 기존보다 더 나은 거래처를 발굴하여 장기적 구매 전략 기간을 바탕으로 가격 협상 및 납기 조율을 하고, TCO(Total Cost

무조건 붙는 자소서

Optimization) 관점에서 Q-C-D(Quality, Cost, Delivery)를 효율적으로 충족시키는 협력사를 선정하고 구매 최종 계약까지 진행합니다.

구매 계약 후에는 자재와 부품이 올 때까지 납기와 품질, 그리고 재고 이슈 관리를 해야 하고, 자재 및 부품이 제때 도착했는지, 품질에 하자는 없는지 확인해야 하고, 재고의 과부족에 대해 문제없는지 확인하는 것도 구매 담당자가 하는 일입니다.

계약의 법적인 상식과 협상력 그리고 정말 꼼꼼한 성격이 요구된다고 할 수 있습니다.

[마케팅]

한마디로 시장과 고객이 필요로 하는 영업 활동에 대한 전반적인 일을 한다고 할 수 있으며, 크게 3가지로 구분할 수 있습니다.

가장 먼저 시장 조사 분석으로 고객이 선호하는 것과 선호하지 않는 것, 요즘 유행, 고객의 욕구, 경쟁사 동향, 자사 제품이 유리한 점과 불리한 점을 파악하는 업무가 있으며 이에 기반하여 마케팅 전략 수립을 하는데 시장 조사 분석에서 얻은 자료를 바탕으로 전략을 만듭니다. 그후 활동 계획 수립 및 성과 관리를 위해 좀 더 세부적인 계획을 기획하고 마케팅 활동 중에 실제 얼마나 성과가 있는지 성과를 측정하고 피드백을 해주는 것이 주요 업무입니다.

참고로 마케팅 직군은 이직이 잦기 때문에 인맥과 평판을 주의해서 관리해야 합니다.

평소에 창의적인 사고와 오래 근무할 수 있다는 확신을 주는 게 좋을 듯합니다.

[IT(개발, 기획, 관리)]

상기의 직무는 영업직만큼이나 기업에서 많은 수요가 있으며, 직무의 범위가 전문적이면서 넓기 때문에 직무별로 상세하게 설명하겠습니다.

• 네트워크 및 컴퓨터 시스템 관리자

네트워크 및 컴퓨터 시스템 관리자는 컴퓨터 네트워크의 대규모 운영 및 관리를 담당합니다. 네트워크 관리자는 대량 백업과 같은 작업을 위해 회사 네트워크의 운영을 조정합니다. 또한 개별 시스템에서 혼자 작업하여 성능 문제를 관리하고 진단할 수도 있습니다.

• 정보 보안 분석가

정보 보안 분석가는 IT 보안 시스템과 관련된 데이터로 작업합니다. 실시간으로 잠재적인 위협을 감시하고 기록된 데이터를 분석하여 근본적인 취약성에 대한 힌트를 찾습니다. 방화벽이나 기타 보안 프로토콜의 필요성 여부와 관계없이 정보 보안 분석가는 사이버 보안 전쟁에서 방어자 역할을 합니다.

• 데이터베이스 관리자 및 아키텍트

데이터베이스 관리자와 아키텍트는 컴퓨터 데이터베이스를 설계, 구성 및 유지 관리합니다. 여기에는 회사의 필요에 맞게 데이터베이스를 구축하거나 더 나은 성능을 위해 데이터베이스를 간소화하는 작업이 포함됩니다. 또한 데이터베이스를 마이그레이션하고 시스템을 업그레이드할 수도 있습니다.

• 컴퓨터 시스템 분석가

　컴퓨터 시스템 분석가는 회사의 가장 중요한 기술을 다루는 업무를 담당합니다. 이들은 데이터를 살펴보고 잠재적인 개선점을 찾습니다. 예를 들어, 자동화된 프로세스에서 네트워크 사용량이 많다는 것을 발견하면 효율성을 높이기 위해 파티셔닝할 수 있습니다.

• 컴퓨터 지원 전문가

　컴퓨터 지원 전문가는 회사 내 네트워크를 유지하는 데 도움을 줍니다. 그러나 기술 지원 또는 IT 부서와 다른 부서 간의 연락 담당자 역할도 수행할 수 있습니다. 예를 들어, 컴퓨터 지원 전문가는 회사의 독점 소프트웨어 사용 과정을 안내할 수 있습니다.

• 컴퓨터 네트워크 설계자

　컴퓨터 네트워크 설계자는 디지털 네트워크의 설계, 배포, 문서화를 담당합니다. 이들은 여러 서버 하위 시스템과 이들 간에 사용되는 네트워크의 사양과 상호 운용성을 설계합니다.

　네트워킹 및 컴퓨터 지원 외에 IT와 관련된 추가 직무는 다음과 같습니다.

• 웹 개발자 및 디지털 디자이너

　웹 개발자는 웹사이트를 위한 고급 코드를 작성하는 데 중점을 둡니다. 여기에는 고급 자바스크립트 인터페이스나 데이터베이스와 직접 통신하는 언어가 포함됩니다. 디지털 디자이너는 웹 개발자와 함께 프레젠테이션 및 사용성과 관련된 요소를 처리합니다. 예를 들어 디지털 디자이너는 계단식 스타일 시트, 메뉴 구조, 그래픽 요소를 작업합니다. 두 직책은 서로 협력하여 웹사이트의 전체적인 부분을 처리할 수 있습니다.

• 컴퓨터 프로그래머

컴퓨터 프로그래머는 둘 다 컴퓨터 코드를 작성한다는 점에서 소프트웨어 개발자와 유사합니다. 그러나 컴퓨터 프로그래머라는 명칭은 일반적으로 기업 수준 또는 내부 코드와 관련이 있습니다. 예를 들어, 컴퓨터 프로그래머는 회사 내의 다른 프로그래머가 사용하는 코드 라이브러리를 작성하고 테스트할 수 있습니다.

• 소프트웨어 개발자, 품질 보증 분석가 및 테스터

소프트웨어 개발자는 다양한 컴퓨팅 장치와 플랫폼을 위한 프로그램을 작성합니다. 여기에는 스마트폰용 앱과 Windows 또는 Mac 용 데스크톱 프로그램이 포함됩니다. 품질 보증 분석가 및 테스터는 프로그래머와 협력하여 이러한 프로그램을 진단하고 분석하여 버그나 사용성 문제를 찾습니다.

• 컴퓨터 및 정보 연구 과학자

컴퓨터 및 정보 연구 과학자들은 새로운 기술 혁신의 최첨단을 연구합니다. 사실, 이들은 종종 새로운 혁신의 창조를 직접 담당하기도 합니다. 가장 일반적인 예 중 하나는 새롭거나 개선된 알고리즘을 개발하는 것입니다.

사람들은 흔히 IT 업무가 주로 컴퓨터를 중심으로 이뤄진다고 생각합니다. 이것이 직업의 많은 부분을 차지하는 것은 사실이지만 정보통신 전문가는 기술적(하드) 스킬과 함께 사회적(소프트) 스킬을 모두 사용하여 업무를 완수합니다. 업계에서 두각을 나타내기 위해서는 두 영역의 숙련도가 균형을 이루어야 합니다.

필요역량으로는 다음과 같은 것이 있습니다.

• 소프트 스킬

IT 직무를 위한 소프트 스킬은 팀을 관리하고 기술 수준이 낮은 동료와 소통하는 데 사용됩니다. 예를 들어, 정보통신 전문가는 소프트 스킬을 사용하여 동료들이 새로 배포된 기술을 관리하는 데 도움을 줄 수 있으며, 창의적 사고 능력도 소프트 스킬의 큰 범주에 속합니다.

• 커뮤니케이션 능력

외부에서 바라보는 사람들에게 IT는 종종 고차원적이고 혼란스러운 주제로 여겨집니다. 이는 대중이 IT의 기술 용어에 익숙하지 않기 때문입니다. 기술적 지식이 부족한 동료들과 기술적인 문제를 논의하고 연락책 역할을 하려면 강력한 커뮤니케이션 능력이 필요합니다. 또 부서 간 협업이 많기 때문에 강력한 커뮤니케이션 능력은 새로운 아이디어를 창출하고 잠재적인 문제를 파악하는 데 도움이 되며, 기본적으로 정보통신 분야에서 비기술적인 분산 및 아이디어의 성장과 관련된 모든 것에 사용되는 기술입니다.

• 팀워크

대부분의 사람은 화면 뒤에 앉아 있는 고독한 정보통신 전문가를 떠

올립니다.

　IT 업무가 고립된 상태에서 수행되는 작업인 것은 사실이지만 팀워크는 정보통신 산업에서 매우 중요한 부분입니다. 일반적인 서버실을 생각해 보면 서버실에는 첨단 기계가 줄줄이 늘어서 있는데 문제가 발생하는 상황에서 한 사람이 모든 것을 처리할 수는 없습니다. 대신 여러 하드웨어와 소프트웨어의 여러 지점에서 동시에 작업할 수 있도록 잘 조율된 노력이 필요합니다. 이러한 작업을 한꺼번에 수행하려면 팀의 노력이 절대적으로 필요합니다. 이는 최신 프로그래밍에서도 마찬가지입니다. 비즈니스 환경에서의 프로그래밍은 여러 사람이 큰 코드 베이스의 각기 다른 부분을 처리해야 하는데 강력한 팀 관리 기술 없이는 할 수 없는 일이며, IT의 거의 모든 영역에서 비슷한 사례를 찾을 수 있습니다.

• 문제 해결

　IT에서 마주하게 되는 많은 상황은 쉽게 진단할 수 있는 원인과 직접적으로 관련된 한 가지 문제의 교과서적인 예시입니다. 하지만 신중한 분석이 필요한 미스테리한 문제도 흔하게 발견할 수 있습니다. 기술적인 문제를 해결하려면 교육과 응용문제 해결 능력이 함께 요구될 수 있습니다.

• 세부 사항에 대한 주의

　정보 기술이라는 용어는 얼마나 많은 데이터가 업무의 일부인지를 강조합니다. IT 부서에서 일할 때는 방대한 양의 정보를 다루게 되며, 이러한 정보는 여러 가지 형식으로 제공됩니다.

　어느 날은 서버 침해 로그를 분석하고, 다음 날은 서로 다른 네트워

무조건 붙는 자소서

크 연결과 관련된 다양한 호환성 문제를 살펴볼 수 있으며, 이렇듯 IT 업무의 대부분은 정보를 주의 깊게 분석하여 패턴을 찾는 것입니다.

현실적으로 IT 부서에서 일하다 보면 사소한 문제가 꽤 큰 문제가 될 수 있습니다. 시스템 내에서 사용되는 라이브러리의 버전 반복과 같은 사소한 문제라도 잘못 처리하거나 간과하면 엄청난 결과를 초래할 수 있으므로 정보 기술 분야에서 탁월한 능력을 발휘하려면 자신의 업무 환경과 함께 사용하는 모든 기술을 잘 알고 있어야 합니다. 한 번의 사고는 엄청난 파장이 발생될 수 있기 때문입니다.

• 비판적 사고

기술은 궁극적으로 인과관계에 의해 정의되며, 정보 기술에서 볼 수 있는 모든 효과는 정확한 원인과 결과의 연쇄를 통해 발생합니다.

사실 컴퓨터가 생성하는 난수조차도 완전히 무작위적인 것은 아니고 항상 일정한 패턴을 발견할 수 있는데, 정보통신 전문가가 이 원인과 결과의 사슬을 따라 문제를 일으키는 근본 문제를 발견할 수 있는 것이 비판적 사고입니다.

마찬가지로 이는 시스템 아키텍처의 중요한 부분으로 시스템 설계자는 브랜드 충성도, 선호하는 스타일 등을 제쳐두고 특정 프로젝트에 가장 적합한 구현에 대해 객관적인 분석을 해야 합니다.

• 네트워킹

디지털 네트워크를 만들고 유지하는 기술로 최신 네트워크에는 무선 네트워크도 포함됩니다. 블루투스, Wi-Fi 및 기타 여러 무선 기술도 익혀야 할 중요한 네트워킹 기술입니다.

정보통신 전문가는 네트워크를 유지 관리하거나 설계하도록 요청받을 수 있으며, 이를 위해서는 네트워크가 제대로 작동하기 위해 준수해야 하는 프로토콜에 대한 이해가 필요합니다. 정보통신 전문가는 대규모 네트워크에 액세스하는 데 사용되는 개인용 하드웨어에서 발생할 수 있는 특별한 요구 사항도 알고 있어야 합니다. 예를 들어, 직원이 모바일 운영 체제를 사용하면서 업무용 네트워크에 원격으로 연결해야 할 수도 있습니다.

• 클라우드 컴퓨팅

　정보 기술 전문가는 클라우드 컴퓨팅을 최대한 활용할 수 있어야 합니다. 유연하고 기존 하드웨어 솔루션에서는 볼 수 없었던 동적인 이점을 제공하는 클라우드 서비스를 사용하고 구현해야 합니다. 예를 들어, 정보통신 전문가는 여러 부서의 서로 다른 컴퓨팅 수요를 충족하기 위해 사용 가능한 리소스를 확장하는 클라우드 컴퓨팅 솔루션을 설정할 수 있는 능력을 보유하고 있어야 합니다.

• 프로젝트 관리 & 기술 지원

　먼저 원활한 의사소통과 동료의 의견을 적극적으로 경청하는 자세로 정보통신 전문가가 문제의 정도와 이를 해결할 수 있는 팀의 역량을 정확하게 판단하는 것이 프로젝트 관리 역량의 기본입니다. 기술 지원은 모든 정보통신 전문가가 숙달해야 하는 어려운 기술이라 할 수 있습니다. 여기에는 의사소통, 적극적인 경청, 문제 해결이 필수적으로 포함되고 고객사나 동료가 컴퓨터나 네트워크 문제로 정보통신 전문가를 찾으면, 정보통신 전문가는 문제를 해결할 수 있는 적절한 해결책을 찾아 제공해야 합니다. 또한 정보통신 전문가는 기술 수준이 낮은 직원이 해결책을 이해하고 실행할 수 있도록 업계 전문 용어를 사용하지 않고 해결 방법이나 조치 계획을 설명해야 하므로 기술 지원 역량은 모든 정보통신 전문가가 습득해야 할 가장 중요한 역량입니다.

[법무팀]

법무팀 직무는 말 그대로 법과 관련된 모든 일들을 수행하게 되는데 목적은 기업의 법적 이슈로 인한 RISK 예방과 해결, 내부 부서들의 법적인 자문에 대한 지원 및 계약 검토 및 초안 작성을 하게 됩니다.

세부 업무로 대내외 법적 분쟁 예방과 사내 법무 교육을 수립하고 실시, 투자 및 사업 확장 지원으로 신규 투자, M&A 등 회사의 기업가치 창출을 위한 주요 Project성 사업에 필요한 계약서 작성 및 회사의 법률 Risk 관리 등을 위한 법적 자문을 제공합니다.

또한 소송, 신청 사건 등과 관련하여 전략을 수립하고 각종 서면을 작성하는 등의 송무 업무와 회사가 수행하는 모든 사업에 관한 다양한 법률문제에 대하여 합리적이고 적합한 법률 의견 및 효율적인 해결 방안을 제시하는 업무를 하게 됩니다.

필요역량으로는 학사 이상의 법학 계열 졸업자나 변호사들이 채용되고 있으며, 법적 사고 능력, 논리적 분석력, 책임감, 정보수집, 소통 능력, 윤리적 소양이 요구됩니다.

[R&D]

기본적으로는 연구개발로서 Research는 기초연구와 그 응용화 연구, Development는 이러한 연구 성과를 기초로 제품화까지 진행하는 개발 업무를 진행하게 되는데 세부적으로는 구체적인 타깃이 정해지지 않은 포괄적 연구를 진행하는 R(Researcher-연구원)과 고객과 시장이 정확하게 Targeting 된 상황에서 연구를 진행하는 D(Developer-개발자)로 구성됩니다.

주요 직무로는 기술정보 수집, 제품개발, 제품개선, 기술 연구, 필드 테스트 5가지의 업무로 구분되며, 상기의 과정을 통하여 새로운 제품, 기술, 서비스, 새로운 Process를 개발하고 향상하는 직무입니다.

주요 업무는 다음과 같습니다.

• 연구 및 실험설계

새로운 아이디어나 개념을 개발하고, 해당 아이디어를 구체적인 연구 계획으로 체계화 후 실험 및 연구 과정을 설계하고 이행합니다.

• 데이터 수집 및 분석

실험 데이터나 연구 결과를 수집하고 분석하여 결과를 해석하고, 의미 도출로 개발 중인 제품이나 서비스 등의 상품을 소비자 Needs에(품질과 효율성 단가 등) 맞게 최적화합니다.

• 기술개발

새로운 기술이나 제품을 개발하고, 이를 시제품으로 제작하여 검증 및 개선을 합니다.

• 프로젝트 관리

연구개발 프로젝트를 관리하고 예산, 일정, 리소서를 조절하여 프로젝트를 원계획대로 진행되도록 관리를 합니다.

• 혁신 및 트렌드 추적

기술 및 시장 트렌드를 지속적으로 모니터링하고 이를 기반으로 혁

무조건 붙는 자소서

신적인 아이디어를 개발합니다.

• 규정 준수

　연구 및 개발 활동은 사내의 규정과 사회법을 준용해야 하므로 해당 분야의 규정을 준수하며 진행하게 합니다.

　일반적으로 R&D 센터에서 근무하는 사람은 석사 이상의 학위가 많으며, 이공계가 대부분을 차지합니다. 기술적 지식의 수준이 우수해야 하므로 시장의 이해도와 트렌드를 분석하고 예측하는 능력과 전문 분야의 이해도에서 상당히 높은 수준을 요구합니다.

　특히 문제해결 능력과 커뮤니케이션 능력을 중요한 가치로 인식하며, 실험 결과 해설 능력이나 연구 결과를 효과적으로 전달하는 능력을 Appeal 해야 합니다.

[품질관리 직무]

　품질 직무는 주로 생산과정에서의 원자재 검사와 불량품 예방, 상품 출고에서의 최종 품질 검사와 인증, 더 나아가서는 시장에서의 소비자 반응과 연계하여 상품의 품질을 관리하는 직무를 총체적으로 지칭합니다.

　세부적으로는 불량품이 고객에게 유출되는 것을 방지하기 위하여 원자재가 들어온 즉시 검사하는 것과, 공정의 중간과 마지막에서 각종 검사를 실시하는 것, 유출될 경우 재발 방지 대책을 수립하고 적용하는 것, 불량품이 섞여 있을 가능성이 있는 제품을 일일이 선별하는 것, 불량품으로 귀결되기 쉬운 불량 자재를 공정 투입 이전에 걸러내는 것 등이 품질 직무의 주된 업무들입니다.

과거의 품질 직무는 생산된 시점, 혹은 생산 과정을 관리하는 정태적인 직무였으나 현재는 진보되는 기술과 산업현장에서 로봇 등의 발전에 따라 불량률이 많이 감소했기 때문에 생산 이전부터 생산 후 고객에게 전달된 이후까지의 품질을 보증하는 동태적인 분야로 변모하고 있으므로 현재의 품질 직무는 품질관리, 품질보증, 품질경영 등으로 나누어져 있습니다.

또한 서비스의 품질도 관리를 하며, 대표적으로 통신 서비스 즉 유무선 통신 분야에서의 서비스 품질 분야도 있습니다.

• 품질관리(QC)

품질관리는 수입검사, 공정관리, 출하 검사, 품질보증(인증 포함) 업무로 구성이 됩니다.

- 수입검사

불량품 생산을 미연에 방지하기 위하여, 공정의 시작 단계 이전에 납품 업체로부터 공급받은 자재의 불량 여부를 검사하는 업무입니다. 자재 입고부터 자재의 생산 라인 투입까지가 주요 업무로, 입고품 검사 및 입고 처리, 공급업체 관리 등을 합니다.

- 공정관리

자재 입고 이후 생산 공정에서 불량이 발생하지 않도록 유지하는 직무로 양산품의 품질을 관리하는 업무이기 때문에 양산 품질관리, 후행 품질관리로도 불립니다. 공정관리 직무의 시작은 수입검사 직무가 끝나는 지점, 즉 우리 회사의 생산 라인에 자재가 투입된 시점부터 시작되며 직무가 끝나는 시점은 자재가 공정에 투입된 이후와 생산이 완료된 시점으로 이 이후에는 출하 검사라는 업무로 넘어가게 됩니다.

주요 업무로는 공정 제품 분석과 생산 인원 품질 교육 및 훈련, 고객 불량 조사 및 대응 등이 있습니다.

- 출하 검사(인증 포함)

공정관리를 통해 걸러진 양품들을 고객에게 보내기 직전에 최종적으로 검사하는 업무입니다. 모든 제조사에서 출하 검사가 진행된다고 할 수 있으며, 국내외에서 통용되는 다양한 품질인증을 진행하게 됩니다.

예를 들면 의약품 관련 생산품으로 미국에 수출을 진행한다면 FDA 승인을 취득해야 하며, 국내로 수입을 해오는 경우라면 국내 인증 절차를 진행하는 업무를 하게 됩니다.

- 품질보증(QA)

품질보증의 업무 영역은 공정품질의 업무가 끝나는 부분에서 시작되며, 회사에 따라 자기 회사의 생산 라인을 제품이 떠난 시점부터 제품이 최종 고객에게 인도된 이후 시점까지 천차만별이나 그 끝은 최종 고객 인도 이후까지 포함하여 끝이 없다는 점은 공통으로 적용이 됩니다.

• 품질경영(QM)

TV 광고에서 한번씩 나오는 품질경영(Quality Management)의 의미는 품질관리(QC)와 품질보증(QA), 품질기획(QP), 품질개선(QI)을 모두 포괄하는 개념으로 협업에서 사용됩니다.

주요 업무로는 품질경영시스템 구축 및 운영, 고객 심사 대응, 협력사 시스템 평가, 품질 목표 및 방침 설정, 품질 실적 관리와 같은 업무이며 품질에 관한 전체적인 경영(Management) 업무를 의미합니다.

필요역량으로는 불량 여부를 파악하기 위해서 다양한 테스트기를 활용하여 온갖 종류의 측정을 진행하며, 기본적으로 설계 도면을 읽고 이해할 수 있는 지식과 도면상의 요구 수치를 제품이 만족하는지 측정할 수 있는 기술이 함께 요구됩니다. 이에 더하여, 제품의 성격을 명확하게 파악하기 위해서는 제품을 구성하는 자재 및 재료에 관한 이해까지 하고 있어야 합니다.

판매 후에도 이런 업무 지식의 기반하에 품질 이슈가 발생했을 시 고객사에 우리 귀책이 아니라고 합리적이고 근거 있는 주장을 할 수 있는 역량이 요구됩니다.

또한 품질관리는 심심치 않게 전수 검사를 하는데 수천 개, 수만 개씩 몰려드는 자재와 제품을 앞에 두고 진득하니 앉아서 하나하나 규격에 맞는 검사를 할 수 있는 정신력과 이를 마무리 지을 수 있는 체력이 필수적입니다. 아울러 불량품이 고객사로 유출되면 고객사까지 가서 제품을 하나하나 선별검사를 진행해 줘야 하는데, 고객사가 국내에만 있는 것은 아니기에 몇 주~몇 개월에 걸치는 해외 출장도 비일비재합니다. 이렇게 해외 출장을 나가서는 육체 노동과 정신 노동을 혼자서 겸해야 하기 때문에 이를 버텨낼 수 있는 체력은 업무 수행을 위해 매우 중요한 역량이라 할 수 있습니다.

[홍보]

대기업이나 공기업에는 거의 99% 홍보팀이 있습니다. 흔히들 PR 직무라고도 홍보하는데 일반적으로 '홍보팀'으로 호칭합니다.

홍보 직무는 보도자료 기획, 기획자료 작성 및 배포, 언론매체 대응과 보도 사항들을 모니터링하여 자사의 Name Value를 제고하는 것이 주요 업무라 할 수 있습니다.

회사에서 홍보 직무를 맡고 있다면 기본적으로 회사의 브랜드와 제품 혹은 정책과 관련된 홍보 기사나 관련 자료를 작성하게 됩니다. 더불어 작성된 기사나 보도자료를 퍼트려줄 신문사 혹은 잡지사와 같은 매체들을 관리하는 업무도 맡게 됩니다.

회사와 관련된 이슈들을 항상 모니터링하며, 이슈가 될만한 일들에 관심을 가져야 합니다. 여기서 그치지 않고 회사와 브랜드, 제품에 대한 이슈들을 수집해 회사의 홍보 활동을 하는 것이 홍보직무의 주요 역할입니다.

오프라인 홍보가 주력이었던 예전 홍보 직무와 다르게 요즘 기업들은 온라인 홍보 쪽으로 많이 넘어왔습니다. 회사의 홍보가 어떻게 되느냐에 따라 기업 이미지는 좌우됩니다. 각종 온라인 매체의 발달로 기업에 대한 소문이 빨리 퍼지는 요즘, 홍보팀의 능력에 따라 기업의 존망이 결정되기도 하기 때문에 회사 내 중요한 직무 중 하나입니다.

11장

1분 자기소개는 왜 할까?
어떻게 발표해야 할까?

1분 자기소개는 왜 할까?
어떻게 발표해야 할까?

1분 자기소개는 왜 하는가?

언제부터인가 1분 자기소개가 생겨서 면접장에서 인터뷰 전에 먼저 발표하라고 합니다. (영어로 하는 경우도 많음)

대개의 경우 순서는 1분 자기소개 후에 일반 면접형식으로 진행하는데 코로나 이후 화상회의를 통하여 1분 자기소개를 하는 경우도 많이 생겼습니다.

아무튼 그럼 1분 동안 발표를 어떻게 진행해야 할까요?

검색을 해보면 저마다의 다양한 대답들이 많이 나오기에 정답이 있는 것은 아니지만 제가 1분 소개에 대해 컨설팅하면서 강력하게 가이드한 내용은 지금 당장 실무에 투입할 수 있는 준비된 인재라는 내용이 핵심이라는 것입니다. 실제로 현장에서 실무적인 이야기가 메인이 될 때 면접장의 분위기가 매우 좋았으며, 최종 합격자도 많이 나왔습니다.

왜 그런지 분석해 보면 국내외 경기가 어려워지면서 기업에서 공개 채용보다는 수시 채용을 하는 경우가 압도적으로 많아졌고 그에 따라 기존 공채 면접에서는 HR 채용자와 임원들로 구성된 면접이 수시 채용에서는 인력을 채용해달라고 요청한 해당 부서의 직급자들이 참석하는 형태로 전환되었기 때문입니다.

그럼, 지원 부서의 직급자들이 강력하게 원하는 인재가 누구일까를 생각한다면 답이 나오는 것입니다.

쉬운 예를 들어 마케팅 팀장이 면접에 참석하여 마케팅 실무자를 구하는데 3C, 4P MIX 개념도 모른다면… 회계팀 팀장이 회계 팀원을 채용하는데 ERP, 더존 같은 회계 시스템을 모른다면 합격을 바라기는 어려운 것입니다.

이미 당신의 소개는 이력서와 자기소개서에 잘 나타내어 있으므로 1분 소개를 이미 소개된 주요 경력에 대해 다시 한번 상기시키는 발표보다는 좀 더 디테일한 실무에 포커스를 맞춘 발표를 하는 것이 합격을 보장하는 방법이 됩니다. (자신이 실무 인재임을 잘 나타내는 하나의 사건을 집중해서 이야기하는 것도 직책자의 마음을 움직이는 좋은 방법입니다.)

상기와 같이 실무에 관한 발표로 진행하면 면접에 참석한 실무 팀장들이 주목하게 되고 자연스럽게 질문도 많아지며 결과는 합격에 가까워지게 됩니다.

당연한 이야기이지만 직책자는 당장 사용 가능한 실무형 지원자를 원하기 때문입니다.

면접장에 임원이나 HR 관계자가 함께 참석을 해도 별다른 이슈가 없다면 실무 팀장이 지목한 사람이 합격하는 것이 기정사실이라고 보시면 될 겁니다.

<u>즉 실무 직책자가 당신의 합격 여부를 결정하는 결정권자입니다.</u>

저 또한 경영지원 부서에서 다양한 면접을 경험했을 때 어떤 경우에
도 면접에 참석한 지원 부서 직책자가 지목한 인재가 불합격하는 경우
는 거의 없었다고 자신합니다.

부가적으로 1분이 짧은 시간인 듯 하나 사실은 긴 시간의 발표일 수
있습니다. 이는 다수의 면접을 진행하는 면접관들도 동일합니다. (면접
관들도 사람인지라 다수의 면접 과정에서 지치는 경우가 많으므로 식상한 발표
는 피해야 함) 따라서 발표자가 1분이라는 짧지 않은 시간 동안 중간에
면접관들의 질문이 유도될 수 있도록 발표 스토리를 유의하여 구성하시
기를 추천해 드립니다.

질문이 들어오는 순간 1분 발표의 고정된 형식은 사라지고 자유스러
운 질의응답을 통하여 자연스럽게 질의문답 형식으로 면접이 진행되게
되므로 꼭 명심하시기를 당부드립니다.

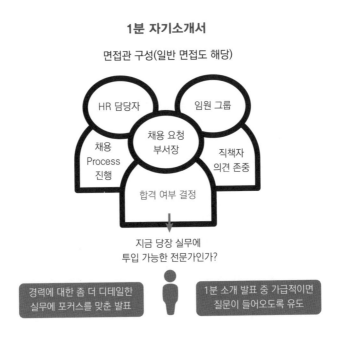

1분 자기소개서

면접관 구성(일반 면접도 해당)

HR 담당자   임원 그룹

채용 요청
부서장

채용
Process
진행   직책자
의견 존중

합격 여부 결정

지금 당장 실무에
투입 가능한 전문가인가?

경력에 대한 좀 더 디테일한
실무에 포커스를 맞춘 발표   1분 소개 발표 중 가급적이면
질문이 들어오도록 유도

12장

대기업 자기소개서 항목

12장

대기업 자기소개서 항목

SK하이닉스

1. 자발적으로 최고 수준의 목표를 세우고 끈질기게 성취한 경험에 대해 서술해 주십시오.

   (본인이 설정한 목표 / 목표의 수립 과정 / 처음에 생각했던 목표 달성 가능성 / 수행 과정에서 부딪힌 장애물 및 그때의 감정(생각) / 목표 달성을 위한 구체적 노력 / 실제 결과 / 경험의 진실성을 증명할 수 있는 근거가 잘 드러나도록 기술)

   (700~1,000자 10단락 이내)

2. 기술한 경험 外 추가적으로 설명하거나 더 보여주고 싶으신 경험이 있다면 서술해 주십시오. (선택 사항)*

   (1,000자)

3. 새로운 것을 접목하거나 남다른 아이디어를 통해 문제를 개선했던 경험에 대해 서술해 주십시오.

(기존 방식과 본인이 시도한 방식의 차이 / 새로운 시도를 하게 된 계기 / 새로운 시도를 했을 때의 주변 반응 / 새로운 시도를 위해 감수해야 했던 점 / 구체적인 실행 과정 및 결과 / 경험의 진실성을 증명할 수 있는 근거가 잘 드러나도록 기술)

(700~1,000자 10단락 이내)

4. 기술한 경험 外 추가적으로 설명하거나 더 보여주고 싶으신 경험이 있다면 서술해 주십시오. (선택 사항)*

(1,000자)

5. 지원 분야와 관련하여 특정 영역의 전문성을 키우기 위해 꾸준히 노력한 경험에 대해 서술해 주십시오.

(전문성의 구체적 영역(예. 통계 분석) / 전문성을 높이기 위한 학습 과정 / 전문성 획득을 위해 투입한 시간 및 방법 / 습득한 지식 및 기술을 실전적으로 적용해 본 사례 / 전문성을 객관적으로 확인한 경험 / 전문성 향상을 위해 교류하고 있는 네트워크 / 경험의 진실성을 증명할 수 있는 근거가 잘 드러나도록 기술)

(700~1,000자 10단락 이내)

6. 기술한 경험 外 추가적으로 설명하거나 더 보여주고 싶으신 경험이 있다면 서술해 주십시오. (선택 사항)*

(1,000자)

7. 혼자 하기 어려운 일에서 다양한 자원 활용, 타인의 협력을 최대한으로 이끌어 내며, Teamwork를 발휘하여 공동의 목표 달성에 기여한 경험에 대해 서술해 주십시오.

(관련된 사람들의 관계(예. 친구, 직장 동료) 및 역할 / 혼자 하기 어렵다고 판단한 이유 / 목표 설정 과정 / 자원(예. 사람, 자료 등) 활용 계획 및 행동 / 구성원들의 참여도 및 의견 차이 / 그에 대한 대응 및 협조를 이끌어 내기 위한 구체적 행동 / 목표 달성 정도 및 본인의 기여도 / 경험의 진실성을 증명할 수 있는 근거가 잘 드러나도록 기술)

(700~1,000자 10단락 이내)

8. 기술한 경험 外 추가적으로 설명하거나 더 보여주고 싶으신 경험이 있다면 서술해 주십시오. (선택 사항)*

(1,000자)

SK네트웍스, SK 네트웍스 서비스

1. SK네트웍스(서비스)에 지원하신 동기에 대해 기술해주세요. (1,000자 10단락 이내)

2. 과거에 의미 있는 일이나 활동 중에 가장 열정적으로 에너지를 쏟아 "몰입"했던 경험을 설명해주세요.

그 과정에서 느낀점과 얻은 성과에 대해 구체적으로 기술해주세요.

(1,000자 10단락 이내)

3. 업무 또는 과제 수행 시, 동료 간 의견이 서로 상충되었던 경험을 설명해주세요.

  본인과 동료의 입장, 상황을 대처해간 과정과 결과에 대해 구체적으로 기술해주세요. (1,000자 10단락 이내)

4. 특정 분야에서 최고가 되기 위해 노력했거나 최고의 성과를 냈던 경험을 설명해주세요.

  스스로 목표를 세웠던 상황, 과정 및 결과에 대해 구체적으로 기술해주세요. (1,000자 10단락 이내)

5. 잘못된 관행을 개선하거나 변화를 주도했던 경험을 설명해주세요.

  진행과정에서 어떤 문제가 있었고, 어떻게 대처하여 끝까지 완수해냈는지 구체적으로 기술해주세요. (1,000자 10단락 이내)

6. 입사 후 회사에 기대하는 점과 본인이 회사를 위해 기여할 수 있는 점이 무엇인지 기술하세요.

  회사에 기여할 점은 본인이 기대하는 바가 충족되었을 때와 충족되지 않았을 때를 구분하여 기술해주세요. (1,000자 10단락 이내)

SK텔레콤

1. 자신에게 주어졌던 일 중 가장 어려웠던 경험은 무엇이었습니까? 그 일을 하게 된 이유와 그때 느꼈던 감정, 진행하면서 가장 어려웠던 점과 그것을 극복하기 위해 했던 행동과 생각, 결과에 대해 최대한

구체적으로 작성해 주십시오. (1,000자 10단락 이내)

2. 이제까지 가장 강하게 소속감을 느꼈던 조직은 무엇이었으며, 그 조직의 발전을 위해 헌신적으로 노력했던 것 중 가장 기억에 남는 경험은 무엇입니까? 개인적으로 더 많은 노력을 기울였던 일과 그때 했던 행동과 생각, 결과에 대해 최대한 구체적으로 작성해 주십시오. (1,000자 10단락 이내)

3. 자신에게 요구된 것보다 더 높은 목표를 스스로 세워 시도했던 경험 중 가장 기억에 남는 것은 무엇입니까? 목표 달성 과정에서 아쉬웠던 점이나 그때 느꼈던 자신의 한계는 무엇이고, 이를 극복하기 위해 했던 행동과 생각, 결과에 대해 최대한 구체적으로 작성해 주십시오. (1,000자 10단락 이내)

4. 기존과는 다른 방식을 시도하여 이전에 비해 조금이라도 개선했던 경험 중, 가장 효과적이었던 것은 무엇입니까? 그 방식을 시도했던 이유, 기존 방식과의 차이점, 진행 과정에서 했던 행동과 생각, 결과에 대해 최대한 구체적으로 작성해 주십시오. (1,000자 10단락 이내)

5. SK 입사 후 어떤 일을 하고 싶으며, 이를 위해 본인이 무엇을 어떻게 준비해 왔는지 구체적으로 기술하십시오. (1,000자 10단락 이내)

SK C&C

1. 높은 목표 설정

자발적으로 최고 수준의 목표를 세우고 끈질기게 성취한 경험에 대해 서술해 주십시오. (700자 10단락 이내)

(본인이 설정한 목표 / 목표의 수립 과정 / 처음에 생각했던 목표 달성 가능성 / 수행 과정에서 부딪힌 장애물 및 그때의 감정(생각) / 목표 달성을 위한 구체적 노력 / 실제 결과 / 경험의 진실성을 증명할 수 있는 근거가 잘 드러나도록 기술)

(700자)

2. 기존의 틀을 깨는 과감한 실행

새로운 것을 접목하거나 남다른 아이디어를 통해 문제를 개선했던 경험에 대해 서술해 주십시오. (700자 10단락 이내)

(기존 방식과 본인이 시도한 방식의 차이 / 새로운 시도를 하게 된 계기 / 새로운 시도를 했을 때의 주변 반응 / 새로운 시도를 위해 감수해야 했던 점 / 구체적인 실행 과정 및 결과 / 경험의 진실성을 증명할 수 있는 근거가 잘 드러나도록 기술)

(700자)

3. 직무전문성

지원 직무와 관련된 전문 역량을 키우기 위해 노력한 경험에 대해 작성해 주십시오. (3개 경험)

(항목별 300자 내외)

SKON

1. 지원 분야 전문성 향상을 위해 시간 투입/몰입도 향상/방식의 변화/ 결과물 중 사실 확인이 가능한 내용 중심으로 선택하여 남들과 차별화된 활동 및 노력에 대해 서술해 주세요.

(1,000자)

2. 지원자님 본인이 생각하시는 행복은 무엇이고, 그 행복을 추구하기 위해 개인과 회사가 어떤 노력을 해야 한다고 생각하는지 서술해 주세요.

(1,000자)

3. 글로벌 역량을 증명 할 수 있는 본인의 실제 경험이나 노력들을 기술하시고, 이러한 지원자의 Globality가 입사 후 어떻게 활용될 수 있을지 서술해 주세요.

(1,000자)

SK브로드밴드

1. 지원 직무 내 희망 소직무 순위를 기재해 주시기 바랍니다.
   - 마케팅/사업관리: ①B2C 마케팅 ②B2B 마케팅 ③미디어 마케팅 ④Global 사업지원 ⑤사업관리
   - 서비스기획: ①서비스기획 ②UI/UX기획
   - Infra: ①Infra 설계/구축/운용 ②정보보호 ③Infra DC 운용

- 개발: ①모바일 어플리케이션 개발 ②Back-end 개발
- Data: ①AI Data ②시스템/Infra 개발
- 케이블방송: ①방송제작 PD

2. 지원 직무 관련, 최근 중요하다고 판단하는 이슈/트렌드 한 가지를 작성하여 주십시오.
- 토픽만 작성해주시면 됩니다. (100자 3단락 이내)
(100자)

SK케미칼

1. 자신에게 주어졌던 일 중 가장 어려웠던 경험은 무엇이었습니까? 그 일을 하게 된 이유와 그때 느꼈던 감정, 진행하면서 가장 어려웠던 점과 그것을 극복하기 위해 했던 행동과 생각, 결과에 대해 최대한 구체적으로 작성해 주십시오.
(1,000자)

2. 이제까지 가장 강하게 소속감을 느꼈던 조직은 무엇이었으며, 그 조직의 발전을 위해 헌신적으로 노력했던 것 중 가장 기억에 남는 경험은 무엇입니까? 개인적으로 더 많은 노력을 기울였던 일과 그때 했던 행동과 생각, 결과에 대해 최대한 구체적으로 작성해 주십시오.
(1,000자)

3. 자신에게 요구된 것보다 더 높은 목표를 스스로 세워 시도했던 경험 중 가장 기억에 남는 것은 무엇입니까? 목표 달성 과정에서 아쉬웠던 점이나 그때 느꼈던 자신의 한계는 무엇이고, 이를 극복하기 위해 했던 행동과 생각, 결과에 대해 최대한 구체적으로 작성해 주십시오. (1,000자)

4. 기존과는 다른 방식을 시도하여 이전에 비해 조금이라도 개선했던 경험 중, 가장 효과적이었던 것은 무엇입니까? 그 방식을 시도했던 이유, 기존 방식과의 차이점, 진행 과정에서 했던 행동과 생각, 결과에 대해 최대한 구체적으로 작성해 주십시오. (1,000자)

5. SK 입사 후 어떤 일을 하고 싶으며, 이를 위해 본인이 무엇을 어떻게 준비해 왔는지 구체적으로 기술하십시오. (1,000자)

SK에코플랜트

1. 고정관념을 버리고 새로운 방식을 시도해 문제를 해결하거나 목표를 성취한 경험에 대해 서술해 주십시오.

(해당 과정에서 발생한 어려움 또는 역경 / 그것을 대하는 태도와 생각 / 극복 과정이 잘 드러나게 작성해 주십시오)

(최소 700자, 최대 1,000자 입력가능)

2. 공동의 목표를 달성함에 있어 타인의 의견을 존중하고 상호 역량과

기술을 결집하여 더 나은 성과를 창출한 경험에 대해 서술해 주십시오. (최소 700자, 최대 1,000자 입력가능)

3. 환경/에너지 관련 최근 이슈를 하나 선정하여 본인의 견해를 서술해 주십시오.

   (최소 700자, 최대 1,000자 입력가능)

4. 지원 분야와 관련하여 특정 영역의 전문성을 키우기 위해 꾸준히 노력한 경험에 대해 서술해 주십시오.

   (최소 700자, 최대 1,000자 입력가능)

SK바이오사이언스

1. SK바이오사이언스 입사 후 어떤 일을 하고 싶으며, 이를 위해 본인이 무엇을 어떻게 준비해 왔는지 구체적으로 기술하십시오. (지원동기 포함) (800자)

2. 자신에게 요구된 것보다 더 높은 목표를 스스로 세워 시도했던 경험 중 가장 기억에 남는 것은 무엇입니까? 목표 달성 과정에서 아쉬웠던 점이나 그때 느꼈던 자신의 한계는 무엇이고, 이를 극복하기 위해 했던 행동과 생각, 결과에 대해 최대한 구체적으로 작성해 주십시오. (800자)

SK넥실리스

1. 자발적으로 최고 수준의 목표를 세우고 끈질기게 성취한 경험에 대해 서술해 주십시오.

   (본인이 설정한 목표 / 목표의 수립 과정 / 처음에 생각했던 목표 달성 가능성 / 수행 과정에서 부딪힌 장애물 및 그때의 감정(생각) / 목표 달성을 위한 구체적 노력 / 실제 결과 / 경험의 진실성을 증명할 수 있는 근거가 잘 드러나도록 기술)

   (1,000자 20단락 이내)

2. 새로운 것을 접목하거나 남다른 아이디어를 통해 문제를 개선했던 경험에 대해 서술해 주십시오.

   (기존 방식과 본인이 시도한 방식의 차이 / 새로운 시도를 하게 된 계기 / 새로운 시도를 했을 때의 주변 반응 / 새로운 시도를 위해 감수해야 했던 점 / 구체적인 실행 과정 및 결과 / 경험의 진실성을 증명할 수 있는 근거가 잘 드러나도록 기술)

   (1,000자 20단락 이내)

3. 지원 분야와 관련하여 특정 영역의 전문성을 키우기 위해 꾸준히 노력한 경험에 대해 서술해 주십시오.

   (전문성의 구체적 영역(예, 통계분석) / 전문성을 높이기 위한 학습 과정 / 전문성 획득을 위해 투입한 시간 및 방법 / 습득한 지식 및 기술을 실천적으로 적용해 본 사례 / 전문성을 객관적으로 확인한 경험 / 전문성 향상을 위해 교류하고 있는 네트워크 / 경험의 진실성을 증명할 수 있는 근거가 잘 드러나도록 기술)

   (1,000자 20단락 이내)

무조건 붙는 자소서

4. 혼자 하기 어려운 일에서 다양한 자원 활용, 타인의 협력을 최대한으로 이끌어 내며, Teamwork를 발휘하여 공동의 목표 달성에 기여한 경험에 대해 서술해 주십시오.

(관련된 사람들의 관계(예, 친구, 직장동료) 및 역할 / 혼자 하기 어렵다고 판단한 이유 / 목표 설정 과정 / 자원(예, 사람, 자료 등) 활용 계획 및 행동 / 구성원들의 참여도 및 의견 차이 / 그에 대한 대응 및 협조를 이끌어 내기 위한 구체적 행동 / 목표 달성 정도 및 본인의 기여도 / 경험의 진실성을 증명할 수 있는 근거가 잘 드러나도록 기술)

(1,000자 20단락 이내)

삼성전자

1. 삼성전자를 지원한 이유와 입사 후 회사에서 이루고 싶은 꿈을 기술하십시오.

(700자 이내, 영문작성 시 1,400자)

2. 본인의 성장과정을 간략히 기술하되 현재의 자신에게 가장 큰 영향을 끼친 사건, 인물 등을 포함하여 기술하시기 바랍니다. (※작품 속 가상인물도 가능)

(1,500자 이내, 영문작성 시 3,000자)

3. 최근 사회이슈 중 중요하다고 생각되는 한 가지를 선택하고 이에 관한 자신의 견해를 기술해 주시기 바랍니다.

(1,000자 이내, 영문작성 시 2,000자)

4. 지원한 직무 관련 본인이 갖고 있는 전문지식/경험(심화전공, 프로젝트, 논문, 공모전 등)을 작성하고, 이를 바탕으로 본인이 지원 직무에 적합한 사유를 구체적으로 서술해 주시기 바랍니다.
   (1,000자 이내, 영문작성 시 2,000자)

삼성디스플레이

1. 삼성디스플레이를 지원한 이유와 입사 후 회사에서 이루고 싶은 꿈을 기술하십시오.
   (700자 이내, 영문작성 시 1400자)

2. 본인의 성장과정을 간략히 기술하되 현재의 자신에게 가장 큰 영향을 끼친 사건, 인물 등을 포함하여 기술하시기 바랍니다. (※작품 속 가상인물도 가능)
   (1,500자 이내, 영문작성 시 3000자)

3. 최근 사회이슈 중 중요하다고 생각되는 한 가지를 선택하고 이에 관한 자신의 견해를 기술해 주시기 바랍니다.
   (1,000자 이내, 영문작성 시 2,000자)

4. 본인의 전공능력이 지원한 직무에 적합한 사유를 구체적 사례를 들어 기술해 주시기 바랍니다.
   (1,000자 이내, 영문작성 시 2,000자)

무조건 붙는 자소서

삼성SDI, 삼성 SDS

1. 삼성SDI를 지원한 이유와 입사 후 회사에서 이루고 싶은 꿈을 기술하십시오.

   (700자 이내, 영문작성 시 1,400자)

2. 본인의 성장과정을 간략히 기술하되 현재의 자신에게 가장 큰 영향을 끼친 사건, 인물 등을 포함하여 기술하시기 바랍니다. (※작품 속 가상인물도 가능)

   (1,500자 이내, 영문작성 시 3,000자)

3. 최근 사회이슈 중 중요하다고 생각되는 한 가지를 선택하고 이에 관한 자신의 견해를 기술해 주시기 바랍니다.

   (1,000자 이내, 영문작성 시 2,000자)

삼성전기

1. 삼성전기를 지원한 이유와 입사 후 회사에서 이루고 싶은 꿈을 기술하십시오.

   (700자 이내, 영문작성 시 1,400자)

2. 본인의 성장과정을 간략히 기술하되 현재의 자신에게 가장 큰 영향을 끼친 사건, 인물 등을 포함하여 기술하시기 바랍니다. (※ 작품 속 가상인물도 가능)

(1,500자 이내, 영문작성 시 3,000자)

3. 최근 사회이슈 중 중요하다고 생각되는 한 가지를 선택하고 이에 관한 자신의 견해를 기술해 주시기 바랍니다.

(1,000자 이내, 영문작성 시 2,000자)

4. 지원을 희망하는 사업부와 제품에 대해 작성하고, 전공지식/경험(프로젝트, 논문, 공모전 등)을 토대로 본인이 적합한 사유를 서술하시오.

(1,000자 이내, 영문작성 시 2,000자)

삼성엔지니어링

1. 삼성엔지니어링을 지원한 이유와 입사 후 회사에서 이루고 싶은 꿈을 기술하십시오.

(700자 이내, 영문작성 시 1,400자)

2. 본인의 성장과정을 간략히 기술하되 현재의 자신에게 가장 큰 영향을 끼친 사건, 인물 등을 포함하여 기술하시기 바랍니다. (※작품 속 가상인물도 가능)

(1,500자 이내, 영문작성 시 3,000자)

3. 최근 사회이슈 중 중요하다고 생각되는 한 가지를 선택하고 이에 관한 자신의 견해를 기술해 주시기 바랍니다.

(1,000자 이내, 영문작성 시 2,000자)

무조건 붙는 자소서

4. 본인의 경험 중 다양한 배경, 생각을 가진 사람들과 협업하여 문제를 해결한 경험에 대해 기술해 주시기 바랍니다.

(1,000자 이내, 영문작성 시 2,000자)

네이버(공통)

1. 다음 중 본인의 가장 자신 있고 희망하는 분야를 한 가지 선택해 주세요.

Front-End, Back-End, Android, iOS, Data 〉 공통 선택한 분야에 관심을 갖게 된 계기와 자신 있는 이유(그동안의 노력, 경험, 강점 포함) 등에 대해 구체적으로 설명해 주세요.

2. 가장 열정을 가지고 임했던 프로젝트(목표/과제 등)를 소개해 주시고, 해당 프로젝트의 수행 과정 및 결과에 대해 기재해 주세요. * 지원 부문과 관련된, 어려웠거나 인상 깊었던 문제를 해결한 경험을 중심으로 작성해 주세요.

(학교 수업, 경진대회, 대외활동 등) * 맞닥뜨린 문제를 '구체적'으로 기술하고, 본인의 접근 방법과 해결 과정, 그리고 실제 결과를 '상세히' 기술해 주세요.

* 문제를 잘 해결했다면 그 경험에서 아쉬웠던 점 혹은 더 나은 방법은 없었을지에 대한 고민 과정을 함께 작성해 주세요.

* 해결하지 못한 경험이더라도 해결을 위해 얼마나 깊이 있게 고민을 했는지 그 과정에 대해 이야기해 주세요.

3. [선택 항목] 본인의 대표적인 개발 경험이나 희망 분야 관련 과제 성
   과, 활동 등을 가장 잘 보여줄 수 있는 Github, 블로그 등의 URL을
   작성하시거나 자료를 첨부하시고, 간단한 소개나 설명을 해 주세요.
   공동 프로젝트였다면 본인의 역할을 명확히 써 주세요.
   * 오픈소스 컨트리뷰션, 프로젝트, 본인이 작성한 소스코드 등 (임시
저장 후 복수 첨부 가능 / 최대 200MB)

LG전자

1. "LG전자"에 대한 지원동기, 근무희망 분야 및 그 이유에 대하여 구체
   적으로 기술하여 주십시오. (1,000자)

2. My Competence / 본인의 역량과 열정에 대하여 (1,000자)
   (본인이 지원한 직무와 관련된 지식, 경험, 역량 및 관심사항 등 자신을 어필
할 수 있는 내용을 구체적으로 기술해주시기 바랍니다. 핵심 위주로 근거에 기반
하여 간략하게 기술 부탁드립니다.)

3. My Story / 본인이 이룬 가장 큰 성취경험과 실패경험에 대하여
   (500자)
   (본인의 인생에서 가장 큰 성취의 경험과 실패의 경험을 적고, 그 경험을 통하
여 본인이 느끼고 배운 점에 대하여 자유롭게 기술해주시기 바랍니다. 핵심 위주
로 근거에 기반하여 간략하게 기술 부탁드립니다.)

LG이노텍

1. 지원동기

왜 'LG이노텍'을 선택하여 지원했는지와 일하고 싶은 분야 및 이유를 기술하시오.

(500자)

2. 입사 후 포부

입사 후 이루고 싶은 성과나 꿈은 무엇이며, 이것이 자신의 삶에서 어떤 의미가 있는지에 대해 기술하시오.

(500자)

3. 직무역량

지원 분야를 위해 '노력한 내용(전공, 직무 관련 경험 등)'과 이를 통해 '확보된 역량'을 구체적으로 기술해주십시오.

(1,000자)

LG CNS

1. LG CNS에 지원한 동기와 입사 이후 꿈꾸는 것은 무엇인가요?

(1,000자)

(*지원동기 : LG CNS에서 근무하고 싶은 이유, LG CNS를 알게 된 계기, IT 또는 컴퓨터에 관심을 가지게 된 계기 등

*꿈 : 입사 이후 성장하고 싶은 목표 및 비전 등)

2. My Competency

지원분야와 관련된 구체적인 지식이나 경험은 무엇이 있나요? (1,000자)

(모집분야와 관련된 경험을 기재해 주십시오. (프로젝트, 업무, 기간, 역할, Skill 등)

3. 기타정보

입사 및 면접진행 관련 정보를 기재해 주십시오. (졸업예정시기/입사 가능시기/연락가능한 현지전화번호/희망면접지/희망면접분야) (500자)

(채용전형 진행을 위해 반드시 모두 기재해 주십시오.)

LG화학

1. 지원분야에 대한 지원 동기와, 관심직무에 대해 소개해주세요. (700자)

Guide〉 지원분야/관심직무를 위해 노력한 내용(전공 수업 및 프로젝트 등)과, 관련 역량을 키우기 위한 4학년 학업 계획 중심으로 기술해주시기 바랍니다.

2. My Story

다른 사람과 차별화되는 본인만의 특성(가치관, 성격 등)과 장점을 알려주세요. (1,000자)

Guide〉 본인이 LG화학에 적합한 인재라고 생각하는 이유를 설명해주세요.

3. My Vision

본인이 입사 후 LG화학의 지속가능성에 어떻게 기여할 수 있는지 설명해주세요. (500자)

Guide〉 LG화학의 지속가능한 미래를 위해 어떠한 노력이 필요한지를 중심으로 작성해주세요.

LG에너지솔루션

1. LG에너지솔루션 및 모집분야에 지원한 동기를 구체적으로 소개해주세요. (1,000자)

(많은 회사/모집분야 중 LG에너지솔루션의 해당 모집분야를 선택하신 이유를 구체적으로 기술해주세요.)

2. My Story (1,000자)

지금까지 살아오면서 가장 많은 노력을 쏟아부었던 성공 혹은 실패 경험과 그 과정을 통해 무엇을 배웠는지 소개해주세요

(무엇을 달성하기 위해, 구체적으로 어떻게 노력을 했으며, 성공/실패 경험이 자신에게 어떤 영향을 주었는지 구체적으로 기술해주시기 바랍니다.)

3. My Competency (3,000자)

1) 본인의 지원분야와 관련된 경험을 가이드와 같은 형식으로 기술하시기 바랍니다. (직무경험, 대내외활동, 전공수업 프로젝트 등 최대 3개)

2) LG에너지솔루션이 지향해야 할 방향성에 대해 논하고, 위의 경험을 바탕으로 해당 직무에 어떻게 기여할 수 있는지 구체적으로 작

성해주세요. (경험, 글자수를 다 채우지 않아도 괜찮아요)

현대자동차

1. 현대자동차에 지원한 동기와 회사 선택(이직) 시 가장 중요하게 고려 하는 요인에 대하여 기술하시오. (1,000자)

2. 본인만의 차별화된 직무 강점과 이를 통해 당사에 기여할 수 있는 점 에 대하여 기술하시오. (1,000자)

한화

1. 한화/모멘텀 및 해당 직무에 지원하게 된 동기와 입사 포부에 대해 말씀하여 주십시오.

2. 한화의 인재상(주인의식, 월등한 차별성, 변화 수용성) 중 본인을 가장 잘 나타낼 수 있는 한 가지를 선택하고 선택한 이유를 본인의 경험을 토 대로 기술하여 주십시오.

3. 본인에게 가장 의미 있는 성공 또는 실패 경험에 대하여 사례를 기반 으로 기술하여 주십시오. (성공이나 실패를 통해 배운 점, 문제를 해결하기 위해 본인이 한 행동 등)

4. 지원하신 직무와 관련하여 본인만의 차별화된 경쟁력을 갖추기 위해 평소 노력한 점은 무엇인가요? 구체적인 사례와 경험을 들어 기술하여 주십시오.

대한항공(승무원)

1. 대한항공 입사를 위해 본인이 기울인 노력과 대한항공에서 이루고 싶은 목표를 서술하시오. (최대 600자)

2. 객실 승무원으로서 갖춰야 할 특징 2가지를 제시하고, 본인이 이에 어떻게 부합하는지 구체적으로 기술하시오. (최대 600자)

3. 본인의 인생에 있어서 가장 중요한 가치는 무엇이고, 그를 위해 구체적으로 어떤 일들을 하였는지 기술하시오. (최대 600자)

아시아나 항공

1. 귀하가 금호아시아나 그룹(지망회사)을 지원하게 된 동기에 대해 서술해 주십시오. (100자 이상 500자 이내)

2. 입사 후 10년 내 회사에서 이루고 싶은 목표는 무엇이며, 그것을 추구하는 이유와 이를 달성하기 위한 계획을 서술해 주십시오.
(100자 이상 500자 이내)

3. 도전적인 목표를 정하고 열정적으로 일을 추진했던 경험과 관련 추진과정에서 겪은 어려움, 이를 극복한 방법, 그리고 그 일의 결과를 중심으로 서술해 주십시오.
   (100자 이상 500자 이내)

카카오(공통)

1. 경력 정보에 참고할 수 있는 자기소개를 2,500자 내로 적어주세요.

2. 졸업(예정) 시기를 기재해 주세요. (ex. YYYY년 MM월)

3. 본 포지션으로 지원을 결정하시게 된 계기와, 희망 포지션에 대한 본인만의 경쟁력(직무 관련 프로젝트, 교육, 경험 등을 토대로)을 자유롭게 작성해 주세요.

4. 자신의 열정과 전문성을 나타낼 수 있는 프로젝트(경험/이력/과제 등)를 소개해 주시고, 해당 프로젝트의 수행 과정 및 결과에 대해 기재해 주세요. (프로젝트를 시작하게 된 계기, 수행 과정에서 마주한 고민과 어려움, 이를 극복했던 과정과 결과, 다수가 함께했던 프로젝트라면 기여도, 이과정을 통해 느낀 점을 구체적으로 기재해 주세요)

5. 자신이 다뤄본 경험이 있는 플랫폼이나 프로그래밍 언어에 대해 1~4단계로 표현해 주세요. 4단계가 가장 높은 단계입니다. (예 : DB - 4 / Python - 3 / Java, Spring - 3)

현대자동차 생산직

1. 자신이 '모빌리티 기술인력'이라고 생각하는 이유와 남들과 차별화된 본인만의 강점을 기술해 주십시오.
(700자 이내)

2. 협업을 통해서 문제를 해결해본 경험과, 그 과정에서 느꼈던 본인 성격의 단점, 이를 극복하기 위한 노력을 말씀해주세요.
(600자 이내)

3. 스스로 목표를 설정해서 달성해나가는 과정에서 겪은 어려움과 극복해 낸 방법을 말씀해주세요.

현대모비스

1. 본인의 지원직무를 어떻게 이해하고 있는지 구체적으로 기술하고, 해당 분야에 본인이 적합하다고 판단할 수 있는 근거를 사례 및 경험을 바탕으로 기재해 주세요. (최소 500자, 최대 1,000자 입력가능)

2. 목표를 달성하는 과정에서 힘들고 어려운 문제가 발생하였음에도 포기하지 않고 임무를 완수한 사례를 작성해 주세요. (최소 500자, 최대 1,000자 입력가능)

3. 공동의 목표를 달성하기 위해 다른 사람들과 힘을 합쳐 노력했던 경험

을 구체적으로 기술하고, 그 경험을 통해 배운 점을 작성해 주세요.
(최소 500자, 최대 1,000자 입력가능)

기아

1. 기아에 지원하게 된 동기 및 기아의 일원으로서 이루고 싶은 목표를
   서술해주십시오. (600자)

2. 지원직무와 관련한 경험 및 역량, 관심사항 등 자신을 가장 잘 설명
   할 수 있는 내용을 기반으로 서술해주십시오. (700자)

3. 목표와 계획을 세우고 이를 달성하기 위해 노력했던 경험에 대해 기
   술해주십시오. (700자)

현대로템

1. 자신이 현대로템 및 지원 직무에 적합한 인재라고 생각하는 이유에
   대해 말씀해 주세요. (최소 300자, 최대 1,000자 입력가능)

2. 자신이 어떤 사람인지를 하나의 '단어'로 어떻게 표현할 수 있는지 구
   체적인 사례를 들어 말씀해 주세요. (최소 300자, 최대 1,000자 입력가능)

3. 업무 또는 기타 계획 진행 과정에서 갑작스러운 어려움에 부딪혔지

무조건 붙는 자소서

만 극복하려 노력했던 경험과 그 결과에 대해 말씀해 주세요. (최소 300자, 최대 1,000자 입력가능)

4. [신입]의 경우 '입사 후 본인이 보유한 경험 활용 계획과 포부'를, [경력]의 경우 '입사 후 본인이 보유한 경력사항 활용 계획'을 작성해 주세요. (최소 300자, 최대 1,000자 입력가능)

현대제철

1. 본인 성격의 장단점을 자신의 성장과정과 경험을 기반으로 서술하여 주십시오.
   (최소 100자, 최대 600자 입력가능)

2. 현대자동차그룹 핵심가치(고객 최우선, 도전적 실행, 소통과 협력, 인재존중, 글로벌 지향) 중 본인의 경험을 기반으로 실천사례를 제시하시오.
   (최소 100자, 최대 600자 입력가능)

3. 본인이 회사를 선택함에 있어 중요시 여기는 가치와 현대제철이 왜 그 가치와 부합하는지 본인의 의견을 서술하여 주십시오.
   (최소 100자, 최대 600자 입력가능)

4. 해당 직무에 지원한 동기와 해당 직무에 본인이 적합한 이유 및 근거를 본인의 경험, 전공 등과 연계하여 서술하여 주십시오.
   (최소 100자, 최대 600자 입력가능)

롯데물산

1. 본인이 회사를 선택할 때 가장 중요하게 생각하는 하는 기준이 무엇인지 작성하고, 이 기준을 바탕으로 롯데물산에 지원한 동기를 기술해주세요.

2. 본인의 성향 및 성격을 사례를 들어 구체적으로 기술해주세요.

3. 학업 또는 조직활동에서 본인과 의견이 다른 구성원을 설득하고 협업하여 성과를 달성한 경험이 있다면 어떠한 방법으로 소통하였는지 구체적으로 기술해주세요.

4. 학업 이외에 관심과 열정을 가지고 했던 다양한 경험 중 가장 도전적이었던 경험은 무엇이었는지, 이를 바탕으로 어떠한 점을 배웠는지 구체적으로 기술해주세요.

5. 희망직무 준비과정과 희망직무에 대한 본인의 강·약점을 어떻게 회사생활에 적용할 것인지 입사 후 10년 동안의 회사생활 시나리오를 기술해주세요.

롯데정밀화학

1. 본인의 가치관과 이 가치관에 큰 영향을 준 계기 및 사건을 기술해주세요.

2. 지원 직무 관련하여 최근 관심 있는 분야 및 해당 분야 역량 강화를 위해 노력한 점을 기술해주세요.

3. 낯선 환경, 위협적인 도전, 회의론, 무관심 등에도 불구하고 다른 이들과 함께 협업하여 업무 성과를 향상시킨 사례를 구체적으로 기술해주세요.

4. 적당함을 넘어 최고의 기준(목표)에 스스로 도전하고, 요구받은 것 이상의 일을 주도적으로 수행하여 정량적인 성취를 이뤄낸 사례를 기술해주세요.

5. 커뮤니케이션을 잘하는 사람은 어떤 사람인지 간략히 정의하고, 커뮤니케이션 역량을 발휘했던 사례를 기술해주세요.

롯데칠성음료

1. 지원동기 및 입사 후 포부 (700자)

2. 사회활동 경험 및 성격의 장단점 (700자)

롯데월드

1. 롯데월드에 지원한 동기와 입사 후 이루고 싶은 목표 및 포부에 대하여 기술하여 주십시오. (800자)

2. 본인이 해당 직무에 적합하다고 판단하는 이유를 경험에 근거하여 기술하여 주십시오. (800자)

3. 직무 관련 전문성을 키우기 위해 노력해온 과정(교육, 자격증, 프로젝트, 경력사항 등)에 대해 기술하여 주십시오. (800자)

4. 입사 전 최종연봉(경력사원 限) 및 희망연봉을 기재하여 주시기 바랍니다. (800자)

롯데알미늄

1. 롯데알미늄에 지원하게 된 동기를 기술해 주세요. (500자)

2. 본인의 성장과정에 대해 기술해 주세요. (500자)

3. 학업 이외에 사회활동 경험에 대해 기술해 주세요. (500자)

4. 지원직무에 대한 경험, 프로젝트, 직무지식에 대해 서술해 주세요. (500자)

무조건 붙는 자소서

POSCO(공통)

1. 본인이 회사를 선택할 때 가장 중시하는 가치는 무엇이며, 포스코가 그 가치에 부합하는 이유를 서술하여 주십시오.

2. 희망하는 직무를 수행함에 있어서 요구되는 역량을 갖추기 위해 어떠한 학습 또는 도전적인 경험을 하였고, 입사 후 이를 어떻게 발전시켜 나갈 것인지 서술하여 주십시오.

3. 존중과 배려의 마인드로 타인에게 도움을 주었거나, 타인과의 협업을 통해 갈등 상황을 극복한 경험에 대해 서술하여 주십시오.

4. 최근 국내외 이슈 중 한 가지를 선택하여 본인의 견해를 서술하여 주십시오.

코오롱

1. 우리 회사와 희망 직무를 선택하게 된 동기를 기술해 주시기 바랍니다.

2. 지원하신 직무가 회사에서 어떠한 역할을 수행한다고 생각하는지 기술한 후 입사 후 업무를 잘 수행할 수 있도록 준비한 '나의 역량'이 무엇이며, 그 역량을 갖추기 위해 어떠한 노력을 해왔는지 본인의 경험을 바탕으로 기술해 주시기 바랍니다.

3. 최근 5년간 본인을 한 단계 성장하게 한 사건이나 경험은 무엇이며, 본인이 노력한 과정과 이를 통해 얻은 교훈이 무엇인지 구체적으로 기술하여 주시기 바랍니다.

4. 코오롱은 지원자의 약점보다는 강점을 보고 싶습니다. 위의 항목에서 미처 보여주지 못한 지원자의 숨겨진 강점이 있다면 소개해 주시기 바랍니다. (선택)

동부 하이텍

1. "DB하이텍"의 인재상으로 기술하여 주세요.

2. 우리 회사의 인재상 중 본인에게 가장 어울리는 인재상을 고르고, 해당 인재상을 통해 성취감을 느꼈던 경험을 기술하십시오.
   (최소 100자, 최대 600자 입력 가능)

3. 지원한 직무에 필요한 역량 중 본인이 가진 강점을 기술하고, 그 강점을 유지 또는 향상시키기 위해 어떤 것들을 했는지 설명하십시오.
   (최소 100자, 최대 600자 입력 가능)

4. 우리 회사에 지원하게 된 동기는 무엇이며, 입사 후 어떻게 성장해나갈 것인지 기술하십시오.
   (최소 100자, 최대 600자 입력 가능)

13장

공기업 자기소개서 항목

13장

공기업 자기소개서 항목

한국가스공사

1. (지원동기) 자신의 지원분야에 전문성을 높이기 위한 노력(구체적 과정, 경험 등 포함)과 이를 잘 수행할 수 있다고 생각하는 이유를 담아 지원 동기를 작성해 주십시오. 또한 과거의 교육과정이나 경력들이 지원 분야 업무와 어떤 관련성이 있는지와 그러한 전공지식, 기술 및 경험 들이 실제 업무수행에 어떤 방식으로 도움을 줄 수 있는지 구체적으로 기술해 주십시오. (1500자 이내)

2. (의사소통능력) 조직 또는 팀의 공동 목표를 달성하는 과정에서 자신 과 의견이 다른 사람과 갈등이 발생했던 사례를 작성하고 갈등을 해 결하기 위해 상대방을 설득했던 구체적인 행동을 기술해 주십시오. (500자 이내)

무조건 붙는 자소서

3. (직업윤리) 공직자의 직업윤리가 중요한 이유를 본인의 가치관을 중심으로 기술해 주십시오. (500자 이내)

4. (관련분야 이해도) 최근 에너지분야 이슈 중 중요하다고 생각되는 한 가지를 선택하고 이에 관한 자신의 견해를 기술해 주시기 바랍니다. (500자 이내)

5. (KOGAS 핵심가치) 미래 에너지 시장을 리딩하는 KOGAS의 새로운 핵심가치는 다음과 같습니다. 1) 미래주도(Global leader) 2) 안전우선(Responsibility) 3) 열린사고(Expansion) 4) 소통협력(ENgagement) 위 네 가지 중에서 본인의 역량과 부합하는 한 가지 항목을 선택하여 타인과 차별화될 수 있는 본인의 핵심역량을 구체적 경험을 바탕으로 기술하여 주십시오. 또한 지속가능한 미래 에너지 기업인 KOGAS가 나아가야 할 방향도 함께 고려하여 입사 후 실천할 목표 및 자기계발 계획에 대해 구체적으로 기술해 주십시오. (1500자 이내)

인천국제공항공사

1. 인천국제공항공사가 현 시점에서 가장 중요하게 역점을 두고 나아가야 할 방향은 무엇이라고 생각하십니까? 본인이 우리공사에 입사하려는 이유는 무엇입니까? (600자)

2. 본인이 지금까지 취업을 위해 중요하게 개발한 직무역량은 무엇이며 어떠한 과정을 통하여 이 역량을 개발해 왔는지, 이 역량을 통해 이

른 구체적인 성과가 있다면 무엇이고 입사 후 우리공사에 어떻게 기여할 수 있을지 기술해 주십시오. (600자)

3. 본인의 장점과 단점에 대해 기술하고 그 중 단점을 극복하기 위한 본인의 노력과 단점을 극복하여 성공적으로 일을 처리한 경험을 구체적인 사례로 기술해 주십시오. (600자)

4. 본인이 생각하는 〈나의 인생 가치관〉은 무엇이며 지금까지의 삶에서 자신의 가치관이 흔들리거나 충돌한 경험 또는 가치관 때문에 어려움을 겪은 경험과 이를 어떻게 극복하였는지 구체적인 사례로 기술해 주십시오. (600자)

5. 공사의 인재상 AIR - Active(도전), Innovation(혁신), Respect(존중) 중 본인에게 가장 부합하는 키워드 하나를 선택하고 그 이유에 대해 구체적인 사례를 바탕으로 기술해 주십시오. (600자)

한국지역 난방공사

1. 우리 공사의 비전은 '국민과 함께 행복한 세상을 가꾸는 친환경 에너지 리더'입니다. 이를 위한 우리공사의 역할과 입사 후 자신이 기여할 수 있는 방안에 대하여 기술해 주시기 바랍니다.

2. 지원한 직무와 관련하여 본인의 강점을 만들기 위해 노력한 경험을 기술해 주시기 바랍니다.

무조건 붙는 자소서

3. 자신이 속한 조직(학교, 동아리 등) 내에서 다른 구성원과 발생한 갈등이나 어려움을 해결한 경험이 있다면, 기술해 주시기 바랍니다.

4. 창의적인 아이디어를 활용하여 문제를 해결하거나 좋은 성과를 도출한 경험에 대하여 기술해 주시기 바랍니다.

5. 공기업 직원으로서 직업윤리가 왜 중요한지 자신의 가치관을 중심으로 기술해 주시기 바랍니다.

한국석유공사

1. 지원분야 직무기술서 '직무수행 내용' 중 본인이 가장 잘 수행할 수 있는 업무 1가지를 선정하고, 그 이유와 해당분야 전문가가 되기 위한 구체적인 자기계발 계획을 서술하여 주십시오. (600자 이내)
   (수업 이외에서 지원 분야와 관련된 전문성을 키우기 위해 기울인 노력 / 해당 역량을 증빙할 수 있는 구체적인 경험이나 자격, 혹은 입사 후 자기계발 계획 등이 잘 드러나도록 기술하십시오.)

2. 최근 3년간 이뤘던 성취 중 가장 기억에 남는 일 또는 다양한 입장을 가진 사람들의 의견을 조율하여 협의를 이끌어 낸 경험 등을 서술해 주십시오. (600자 이내)
   (목표를 정하게 된 상황 및 이유 / 목표를 달성하기에 가장 어려웠던 점 / 극복한 방법 / 그 일의 결과 / 예상 목표 대비 달성수준이 잘 드러나게 기술하십시오.)

3. 지금까지 살면서 대가를 바라지 않고 귀하가 속한 사회(학교, 조직, 지역사회 등)를 더 좋게 만들기 위해서 공헌한 점이 있다면 구체적으로 서술해 주십시오. (600자 이내)

   (그 일을 하게 된 계기나 배경 / 구체적인 역할과 행동 및 수행 수준 / 그 일의 결과 / 조직이나 사회 혹은 자신이 얻게 된 이득이 잘 드러나도록 기술하십시오.)

4. 귀하의 성실함을 보여줄 수 있는 경험이나 구체적인 사례를 서술하여 주십시오. (600자 이내)

   (구체적인 상황 / 자신의 역할 / 노력을 기울인 기간이나 노력의 수준 / 그 경험의 결과 / 다른 삶의 영역에 끼친 영향이 잘 드러나도록 기술하십시오.)

5. 귀하의 윤리의식·청렴도를 보여줄 수 있는 경험이나 구체적인 사례를 서술하여 주십시오. (600자 이내)

   (우리 공사의 업무와 관련하여 청렴함과 직업윤리가 왜 중요한지 지원자의 가치관 및 경험을 토대로 기술하여 주십시오.)

한국광물자원공사

1. 지원동기 (1000 Bytes 이내)

2. 생활신조 및 장단점 (1000 Bytes 이내)

3. 성장과정 (1000 Bytes 이내)

무조건 붙는 자소서

4. 직업관 (1000 Bytes 이내)

5. 장래희망 (1000 Bytes 이내)

한국수자원공사

1. 자신이 지원한 분야에서 뛰어난 전문가가 되기 위해 기울이고 있는 노력에 대해 구체적으로 서술해 주십시오. (자기개발 능력)

2. 다른 사람들과 함께 일을 했던 경험에 대해 설명하고, 그 경험 속에서 팀워크 형성과 협업을 이루기 위해 구체적으로 어떠한 노력을 하였는지 서술해 주십시오. (대인관계 능력)

3. 중요한 일을 처리할 때, 어떠한 방식으로 계획을 세워서 일을 처리하는지에 대해 개인적 경험을 기반으로 구체적으로 서술해 주십시오. (자원관리능력)

4. 어떠한 일을 진행할 때, 원칙 준수와 일의 효율성 사이에서 갈등했던 경험에 대해 서술하고, 갈등 해결을 위해 구체적으로 어떠한 노력을 하였는지 서술해 주십시오. (직업윤리)

5. K-water에 입사지원한 동기 및 입사 후 실천하고자 하는 목표를 K-water 핵심가치(안전, 역동, 공정) 중 자신과 가장 잘 부합하는 역량과 결부시켜 작성해 주십시오. (조직 이해 능력)

6. 입사지원한 직무 관련 교육, 경력, 경험 사항에 대해 상세히 기술해 주시기 바랍니다.

한국주택금융공사

1. 우리공사 지원사유 및 입사 후 포부에 대하여 기술해 주십시오.

2. 공사 직무 중 관심분야 및 해당 직무전문가로 성장하기 위한 자기계발 계획을 작성해 주십시오.

3. 공사 인재상(창조인, 문화인, 화합인)과 연관지어 본인의 장단점을 기술해 주십시오.

4. 공사는 공익지향을 핵심가치로 삼고 있습니다. 이와 관련하여 귀하의 봉사활동 등 공익지향 경험을 기술해 주십시오.

5. 성취한 일 중에서 가장 기억에 남는 일과, 그것을 성취하기 위해 어떠한 노력을 했는지 기술해 주십시오.

날이 갈수록 취업시장의 문은 좁아지는 느낌이고 AI 기술의 진화는 취업의 문을 더욱 좁게 할 것이라 예상됩니다.

특히 취업을 준비하는 20대의 시기가 힘들 것이라 생각되고 그 시간에 혹시나 좌절이나 포기라는 단어를 상기할까 많은 염려가 됩니다.

저 또한 IMF 시기에 사회로 진출해야 하는 길목에서 좌절하고 힘들어했지만 분명한 것은 포기하면 안 됩니다. 포기는 여러분에게 우연히 찾아오는 행운도 소멸하게 만들어 버립니다.

프로게이머 김혁규 선수의 인터뷰 중 "중요한 것은 꺾이지 않는 마음"이라는 발언은 정말 바늘구멍을 통과해야 하는 취준생에게 요구되는 정신이라 생각합니다.

제가 얼마 전에 유튜브에서 "아무것도 안 하면 아무 쓸모가 없는 사람입니까? 젊은 친구들한테 왜 취직 안 하냐고 묻지 마세요. 그러려면 자기들이 즉각 즉각 취직이 잘 되는 사회를 만들어 놓든가."라는 영상을 접하고 개인적으로 과연 이런 위로가 힘든 시기의 취준생들에게 진정한 위로가 될까? 하는 회의감이 들었습니다. 그러다 농구 스타 서장훈씨가 청년들에게 당부한 유튜브를 보게 되었습니다.

가장 기억에 남는 말이 "즐겨서 뭘 이루어낼 수 있는 건 저는 단연코 없다고 생각합니다. 그렇기 때문에 냉정해지라고 말씀드리는 거고, 여러분들을 응원한다? 물론 응원합니다. 당연히 응원하죠. 그런데 무책임하게 노력하는 자가 즐기는 자를 못 따라간다? 완전 뻥이에요."라는 말을 젊은이들에게 하였습니다.

개인적으로는 서장훈씨의 이런 당부가 정말 이 시대 청년을 향한 피 끓는 외침이라고 생각합니다.

다시 한번 강조하지만 여러분이 살아가는 세상은 준비 없이는, 노력 없이는, 목표 없이는 어떠한 뭔가를 이루려는 것은 마치 신기루를 향해 가는 의미 없는 걸음이라 확신합니다.

현실적인 관점과 경험으로 고민하며 작성한 본서가 길고 긴 여러분의 미래에 작은 디딤돌이 되기를 희망하며, 지속적인 도전의 발걸음이 되시기를 온 맘 다해 응원합니다. 감사합니다.

⊙ 공두 작가 소개

- 주요 이력
  - 전) 아이리틀 커뮤니티 사이트 본부장
  - 전) 억울닷컴 커뮤니티 사이트 개발 및 대표이사
  - 전) 아시아 경제 억울닷컴 자문이사(아시아 경제로 사이트 권리 이전)
  - 한비문학 수필작가 등단(2009년 9월)
  - 메이저 대기업 20년 이상 근무
    주요 업무: 신사업 기획&런칭, CEO 보좌&현장경영, 법무&특허, 사내 제
    안 아이디어 운영 및 심사
- 저서
  - 대기업 미리보기(푸른영토)
  - 책! 출간에 반드시 필요한 모든 정보(크몽, 탈잉)

⊙ 공두 작가가 하는 일

- 기업 직무역량 프리랜서 강사
  - 품의, 기획서, 신사업 개발, Best 보고 방법, 일 제대로 하는 법 등
- 취준생, 직장인 대상 직무역량 1대1 교육
  - 취업 전 or 취업 성공 후 기본 회사생활 실무역량 향상 과정
    ※ 1대1 or 5명 이하의 소그룹으로 진행
- 대기업 조직문화 소개 강사 / "대기업 미리보기" 저서에 근거한 소개
  - 대기업 내부에서의 업무환경, 조직문화, 복리후생, 연봉, 보고체계 비전 등
    에 대한 다양하고 세부적인 이야기들을 소개
    ※ 고등학교, 대학교, 취준생 모임 대상 강의

- 재능 판매 사이트 우수 판매자
  - 회사 소개서(IR), 계약서 검토, 자소서 첨삭, 레포트, 백서, 마케팅 번역(영→한), 다양한 정부, 민간 제안서 등 문서와 관련된 모든 업무
- 초중고등학교 대상 미래 직업 전망에 대한 강의
- 중소기업 경영 자문이사 및 컨설턴트
  - 경영자문, 계약서, 업무 PROCESS 정립, HR 지원 등
- 종교법인, 단체 대상 취업 Trend 및 자소서 작성 교육
  - 대학부, 취준생, 학부모(중고등, 대학 자녀) 대상 자소서 작성과 취업에 대한 소개
  ※ 개척교회도 5인 이상이면 신청 가능하고 각별한 소명의식으로 진행합니다. 교회는 제가 경험한 사회를 기독교 시각에 맞추어 간증 형식으로 은혜롭게 진행합니다.

◉ 공두 작가 연락처

앞에서 소개한 모든 강의 의뢰나 자소서 첨삭과 같은 재능 판매에 대한 의뢰는 하기의 연락처로 해주시면 신속하게 응답 드리겠습니다. 감사합니다.

카카오톡 아이디: kongdu79

e-mail: 2020242@naver.com/kongdu79@gmail.com

무조건 붙는 자소서

초판발행	2025년 2월 24일
지은이	공 두
펴낸이	안종만·안상준
편 집	김다혜
기획/마케팅	정성혁
표지디자인	BEN STORY
제 작	고철민·김원표
펴낸곳	(주)**박영사**
	서울특별시 금천구 가산디지털2로 53, 210호(가산동, 한라시그마밸리)
	등록 1959.3.11. 제300-1959-1호(倫)
전 화	02)733-6771
f a x	02)736-4818
e-mail	pys@pybook.co.kr
homepage	www.pybook.co.kr
ISBN	979-11-303-2183-7 03320

copyright©공 두, 2025, Printed in Korea

*파본은 구입하신 곳에서 교환해 드립니다. 본서의 무단복제행위를 금합니다.

정 가	16,000원